Dennis Eick
Exposee, Treatment und Konzept

Dennis Eick

Exposee, Treatment und Konzept

2., aktualisierte Auflage

HERBERT VON HALEM VERLAG

Praxis Film
Band 75
Herausgegeben von Béatrice Ottersbach

Bibliografische Information der Deutschen Nationalbibliothek
Die Deutsche Nationalbibliothek verzeichnet diese Publikation
in der Deutschen Nationalbibliografie; detaillierte
bibliografische Daten sind im Internet über
http://dnb.ddb.de abrufbar.

Dennis Eick
Exposee, Treatment und Konzept
Praxis Film, 75
Köln: Halem 2020

1. Auflage 2005
2. Auflage 2013

Unveränderter Nachdruck der 2. Auflage

ISSN 1617-951X

ISBN (Print)   978-3-7445-0516-1
ISBN (PDF)   978-3-7445-0515-4

EINBANDFOTO: Treatment »Vogelschuss«, © Dennis Eick und Gregor Herzog
DRUCK: docupoint GmbH, Magdeburg
GESTALTUNG: Susanne Fuellhaas, Konstanz
Copyright Lexicon ©1992 by The Enschedé Font Foundry.
Lexicon® is a Registered Trademark of The Enschedé Font Foundry.

Inhalt

1. Einführung

Es klingt so simpel, ist aber so einleuchtend, dass es meist übersehen wird:
Vor dem Drehbuch kommt das Treatment, kommt das Exposee, kommt vielleicht auch die Outline oder das Serienkonzept!

Denn bevor der Drehbuchautor überhaupt die Möglichkeit bekommt, sein Drehbuch zu schreiben, benötigt er Menschen, die hinter ihm stehen und von seiner Idee begeistert sind. Er braucht Menschen, die ihn für seine Arbeit bezahlen. Diese Personen muss er als Erste überzeugen – und das geschieht eben durch ein Exposee oder ein Treatment, vielleicht auch durch ein Konzept.

Jedes fiktionale Format basiert in irgendeiner Form auf diesen Standarddokumenten. Sie werden von den vielen Beteiligten einer Film- oder Fernsehproduktion als Diskussionsgrundlage benutzt und begleiten so die Entwicklung und Produktion des Stoffes. Umso erstaunlicher ist es eigentlich, dass die Vorstellungen davon, was genau ein Exposee oder ein Treatment sind, was sie umfassen oder vermeiden sollen, oft meilenweit auseinanderliegen. Ganz im Gegensatz zu einem Drehbuch übrigens. Hier ist sich die Branche einig über den Aufbau und die Präsentation. In den USA gibt es sogar monothematische Bücher, die sich allein mit dem Format des Drehbuchs auseinandersetzen, denn dies sei schließlich ein »important key to the success of a screenplay.«[1] In Deutschland gibt es Derartiges nicht.

Ich weiß aus meinen eigenen Erfahrungen als junger Drehbuchautor, wie schwer es ist, Informationen darüber zu bekommen, wie ein Exposee oder Treatment auszusehen hat. Die vielen Drehbuchhandbücher oder »How to«-Manuale, wie sie auch genannt werden, beschäftigen sich stets mit dem »großen« Werk, dem 120-seitigen Drehbuch, auf dessen Grundlage dann ein Kinofilm hergestellt wird – Fernsehfilme oder Serien werden sogar meist verschwiegen oder übergangen. Das wesentliche Ziel der Handbücher ist es, Anfänger an das Handwerk des Drehbuchschreibens heranzuführen. Das ist gut und richtig so. Doch man findet hier keine Informationen über den entscheidenden Punkt auf dem Weg von der Stoffidee zum erfolgreichen Verkauf des Drehbuchs: Wie man Exposees und Treatments schreibt, mit denen man sich und seinen Stoff an den Mann bringt.

Dieses Buch will keinesfalls fixe Regeln formulieren, die unbedingt einzuhalten sind und womöglich alle anderen Formen eines Exposees oder eines Treatments ausschließen. Ich möchte aber ein wenig Ordnung in das unübersichtliche Chaos bringen, das sich rund um diese Termini abspielt.

---

1   »This book is about the rules of page design. [...] This book is an extensive discussion about the enhancement of content. This is an important key to the success of a screenplay.« Boyle in: Cole / Haag: Standard Script Formats. 1995, S. iv.

Aus meiner Zeit als Lektor beim Fernsehen kann ich mich gut daran erinnern, wie sehr ich mir etwas mehr Professionalisierung und /oder auch Einheitlichkeit bei den Autoren gewünscht hätte, deren Stoffvorschläge ich lesen und bewerten musste. Die Erfahrung zeigt, dass selbst professionelle Autoren nicht immer überzeugende Treatments schreiben. Ein guter Drehbuchautor ist nicht immer unbedingt ein guter Exposee-autor. Beides sind sehr unterschiedliche Texte und erfordern andere Talente – und sei es einfach, eine komplizierte Handlung komprimiert, aber immer noch so mitreißend darzustellen, dass der Leser begeistert ist. So wie manche Autoren ein spezielles Talent für Dialoge haben und andere fantastische Strukturarbeit leisten, liegen manchen diese Kurztexte besonders gut – und anderen eben nicht. Schlechte Exposees entstehen aber nicht nur aus Mangel an Talent, sondern auch aus mangelnder Sorgfalt und manchmal zu großer Ungeduld, weil sich die Autoren gleich an das Drehbuch wagen wollen. Wenn Sie allerdings das Treatment nur als mühselige Aufgabe betrachten, die Sie einfach hinter sich bringen wollen, ist das ein großer Fehler. Sie mindern damit die Chancen, Ihren Stoff überhaupt an den Mann zu bringen. Das Exposee ist immer auch ein Marketinginstrument, das den potenziellen Käufer schnell überzeugen muss.

Wohlgemerkt: Es soll hier nicht darum gehen, wie man *das* Treatment schlechthin oder das *einzig wahre* Exposee schreibt. Ziel ist es, nicht Bedienungsanleitungen, sondern Vorschläge zu unterbreiten. Sie sollen es möglich machen, ein Exposee zu schreiben, das die geübten Augen des professionellen Lesers überzeugt und ihn für den Stoff begeistert. Hier geht es um die Wege, Ihren Stoff überzeugend anzubieten – wie Sie aber den brillanten Stoff finden, dieses Problem können nur Sie selbst lösen.

In meiner darauffolgenden Zeit als Redakteur habe ich Treatments und Exposees wieder aus einer anderen Sicht zu betrachten gelernt, nämlich als Werkzeuge für die Entwicklung eines Film- bzw. Fernsehstoffes. Vielleicht können meine Erfahrungen dazu beitragen, das Gebiet dieser sehr komplexen Stoffentwicklungsprozesse zu beleuchten.

Ist der Weg zum fertigen Drehbuch vonseiten der Auftraggeber oftmals genormt und reglementiert, kann es sich aber auch für den Drehbuchautor lohnen, seinen Stoff über die Stufen Exposee und Treatment zu entwickeln. Eine ganz einfache Rechnung: Für das Schreiben eines Drehbuchs für einen zweistündigen Film braucht ein durchschnittlicher Autor zwischen einem halben und einem ganzen Jahr. Es gibt natürlich Ausnahmen, doch das sind meist professionelle Vielschreiber, die auf eine langjährige Erfahrung zurückblicken können. Für jeden Autor stellt sich die Frage, wovon er in der Zeit des Schreibens leben soll. Und schlimmer noch: Wie soll er mit der Enttäuschung umgehen, wenn er nach so langer und intensiver Arbeit eine Absage bekommt, mit der Begründung, dass der Stoff nicht ins Profil des Senders passe oder dass man dort bereits einen sehr ähnlichen Stoff in der fortgeschrittenen Entwicklung habe? Hätte der Autor stattdessen Ideen entwickelt und mehrere Exposees geschrieben, wäre er sicherlich »besser aufgestellt« gewesen, um einen Begriff aus der Betriebswirtschaft zu benutzen. Autoren sind immer auch Geschäftsleute, obwohl viele von ihnen das am liebsten verdrängen würden.

Fest steht: Exposees und Treatments sparen Zeit, Geld, Mühe und Kraft – wobei ich hier nicht behaupten möchte, dass das Schreiben dieser Texte einfach wäre. Der Aufbau dieses Buches ergibt sich aus den Arbeitsabläufen der Stoffentwicklung in der Praxis. An erster Stelle stünde eigentlich der *Pitch*. Dies ist jedoch ein ganz anderes Themengebiet mit vielen eigenen Regeln, so dass wir ihn hier ignorieren wollen. Zudem ist der Pitch eine mündliche Form und wird nicht schriftlich fixiert – einige eigenwillige Versuche einmal ausgenommen. Diese kurzen Papiere unterstreichen allerdings nur den Eindruck, dass der Autor sich nur wenige Gedanken gemacht hat. Abschließend analysieren oder auswerten kann man einen solchen Ideenpitch kaum. In jedem Fall *muss* der Autor ein Exposee oder Treatment nachliefern. Sonst ist kaum etwas gewonnen. Den Pitch wollen wir also ignorieren.

Das Exposee aber ist die erste schriftliche Zusammenfassung der Stoffidee. Auf dieser baut dann das Treatment auf, auf dessen Grundlage dann wiederum eventuell eine Szenenoutline oder direkt das Drehbuch erstellt wird. Viele der dargestellten Elemente treffen auf beide Textsorten zu, deshalb werden immer wieder Querverweise für ein besseres und umfassendes Verständnis sorgen. Da die meisten Autoren in Deutschland für das Fernsehen schreiben und hier gerade die Serie als »Königsdisziplin« hervorsticht, soll schließlich das Serienkonzept genauer betrachtet werden.

Drehbücher kann man mittlerweile fast überall bekommen, sei es in Buchform oder im Internet. Sie sollten darauf achten, ob es sich um die Originalbücher handelt, oder ob es *transcripts* sind, die Fans erstellt haben, d.h. dass sie den Film abgeschrieben haben. Internetadressen finden sich im Anhang. Exposees oder Treatments findet man hier dagegen kaum. Das ist eigentlich kein Wunder, denn sie verschwinden irgendwann im Kosmos zwischen Sender und Produktionsfirma – schließlich dienen sie vornehmlich dem Verkauf eines Stoffes.

Da Theorie trocken und wenig anschaulich ist, werden nach den einzelnen Kapiteln Beispiele zu den »Gattungen« geliefert. So beweist hier das Exposee zu »Lola rennt«, dass man auch non-lineare Stoffe in dieser kurzen Textform überzeugend erzählen kann. Das sehr ausführliche Bildertreatment zu »Napola« ist ein gutes Beispiel für den besonderen Werkzeugcharakter dieser Textform, und schließlich zeichnet das Konzept zu der erfolgreichen ZDF-Serie »Die letzte Spur« die Grundlagen dieses langlaufenden Formats auf.

Zu wissen, wie man schreibt, ist zu wissen, für wen man schreibt. Dieser leicht abgewandelte Spruch von Virginia Woolf definiert die Arbeit eines Drehbuchautors sehr gut. Ein Drehbuchautor muss sich immer seines Publikums bewusst sein. Er muss genau wissen, wen er erreichen möchte und welche Gefühle oder Gedanken er bei diesem auslösen will. Nur dann kann er die Vorlage für einen erfolgreichen Film liefern.

Zunächst also wollen wir einen Blick auf einen idealtypischen Stoffentwicklungsprozess werfen, damit im Späteren Funktionen und Zweck von Exposee und Treatment klar werden.

2. Der Stoffentwicklungsprozess

Drehbuchautoren schreiben Drehbücher. Das sollte man zumindest meinen. Die Realität sieht, zumindest was die Häufigkeit betrifft, anders aus. Was Drehbuchautoren weitaus häufiger schreiben müssen, sind Treatments, Exposees oder Konzepte. Denn erst diese sind es, die den Weg zu einem verkauften Drehbuch ebnen. Wie kommt eigentlich ein Film zustande, was muss passieren, bevor eine Fernsehserie auf den Schirm kommt?

Es gibt unzählige Geschichten und Anekdoten darüber, wie aus Büchern, Geschichten, Ideen und Spinnereien schließlich Filme wurden, wie sich Schauspieler oder Regisseure fanatisch für eine Geschichte einsetzten und ihr Vermögen oder ihren Ruf riskierten, um sie zu verfilmen, wie begeisterte Produzenten ihren neuen Autoren zum Dank für den tollen Stoff hübsche Models schickten, die nur in einen Pelz gekleidet waren, oder wie Regisseure schließlich gefeuert wurden, weil sie das Drehbuch eines Autors nach ihrem Willen verändert hatten. Vergessen Sie die ganzen Histörchen – so wird es bei Ihnen höchstwahrscheinlich nicht sein.

Die Entwicklungsgeschichte eines Drehbuchs verläuft meist ganz unspektakulär. Der normale Weg des Drehbuchautors in Deutschland führt über eine Produktionsfirma zu einem Sender oder zu einem Fördergremium und sehr selten über einen Schauspieler – schließlich haben wir in Deutschland nicht das Starsystem, das in Hollywood herrscht.

Zunächst einmal muss man deutlich zwischen den Zielmedien trennen. Ein Kinofilm entsteht auf ganz andere Art und Weise als ein Fernsehmovie oder TV-Spielfilm. Deutschland ist ein »Filmförderland«, ganz im Gegensatz z.B. zu den USA, wo eine Filmförderung weitgehend unbekannt ist oder zumindest keine Rolle bei den großen erfolgreichen Hollywoodproduktionen spielt. Die Filmstudios sind dort in den Händen großer Konzerne, die mit ihren Produktionen fast den ganzen Weltmarkt dominieren. Auch in Deutschland scheint die amerikanische Konkurrenz fast übermächtig. Selbst wenn mittlerweile der Anteil des deutschen Films am Markt gestiegen ist, sind es trotzdem nicht mehr als 20 Prozent – auch in Ausnahmejahren mit Erfolgen wie *Der Schuh des Manitu, (T)Raumschiff Surprise – Periode 1* oder *Otto – Der Film*. Da der Film ein Kulturgut ist, das zu erhalten ist und im Wettbewerb (auch gegen das Fernsehen) bestehen muss, haben die verschiedenen Filmförderungen in Deutschland die Aufgabe, »die Qualität und die Wirtschaftlichkeit« des deutschen Films zu verbessern. So kommt es, dass durchschnittlich die Hälfte aller Produktionsgelder aus Fördermitteln stammen. Es kann daher im Einzelfall passieren, dass ein Film trotz schwachem Erfolg an den Kinokassen trotzdem Gewinn abwirft – aber das Filmförderungssystem an dieser Stelle zu kritisieren, würde zu weit gehen.

Von den verschiedenen Förderarten – es gibt u.a. Produktionsförderung, Verleihförderung oder Produktionsvorbereitungsförderung – interessiert im Zusammenhang mit unserem Themengebiet die Drehbuchförderung. Hier muss bei den einzelnen Förderanstalten ein Treatment eingereicht werden, über das dann die zuständigen Gremien entscheiden. Die genauen Anforderungen an das Treatment werden in Kapitel 6 erläutert. Wird eine Drehbuchförderung bewilligt, muss der Autor auf Basis des Treatments ein Drehbuch erstellen, das daraufhin wiederum vom Gremium abgenommen wird – um sicher zu gehen, dass tatsächlich auch der Stoff entwickelt wurde, den man gefördert hat. Bei einigen Filmförderungen ist eine Produktionsfirma im Antrag anzuführen, die sich bereiterklärt, das entstehende Drehbuch auch tatsächlich zu verfilmen, sofern es ihren Ansprüchen genügt. Bei einigen Förderungen wie bei der BKM oder beim Kuratorium junger deutscher Film ist der Autor allein antragsberechtigt – was gerade jungen unerfahrenen Autoren zugute kommen kann. Manchmal müssen Sie also zuerst einen Produzenten und dann das jeweilige Gremium mit Ihrem Treatment überzeugen.

Bei den Fernsehsendern sieht der Entstehungsprozess eines fiktionalen Formats anders aus. Natürlich steht es Privatpersonen frei, sich mit ihren Stoffentwürfen an die Sender zu wenden und viele »Autoren« machen auch Gebrauch davon. Allerdings ist deren Erfolgsquote relativ gering, was vornehmlich an der doch oft sehr schwachen Qualität der eingereichten Stoffe liegt.

Der wahrscheinlichere und vor allem der professionellere Weg verläuft über eine Produktionsfirma. An diese muss sich der Autor zunächst wenden und in Gesprächen mit Producern und Produzenten (die Unterscheidung zwischen den beiden Berufen ist gerade in kleineren Produktionsfirmen irrelevant, wo sich ein Produzent neben Finanzen und Personal auch um die grundsätzliche inhaltliche Ausrichtung der Firma sowie die tägliche Arbeit mit den Autoren usw. kümmert) werden die Stoffe »anentwickelt« und in Exposeeform gebracht. Diese werden dann an die Sender weitergereicht. Dort werden die Exposees vom Lektorat gelesen und beurteilt. Eine Entscheidungsfindung hängt meist stark von den Lektoraten oder von der Meinung der Redakteure ab. Es gilt zunächst, diese zu überzeugen, dann erst werden sich diejenigen, die über die Entwicklungsverträge entscheiden, damit beschäftigen. Sofern es zu einer Produktionsentscheidung kommt, wird der Stoff in einem nicht immer gleich verlaufenden Stoffentwicklungsprozess (mit den Stufen Exposee, Treatment, Szenenoutline oder Bildertreatment und dann Drehbuch in mehreren Fassungen) mit diversen Mitspracheberechtigten zu einer hoffentlich befriedigenden Endversion gebracht. Die Überarbeitung nimmt dabei einen großen Raum ein: In den Drehbuchverträgen werden die Autoren verpflichtet, eine bestimmte Anzahl von Treatments sowie Fassungen des Drehbuchs zu erstellen. Die Anzahl der möglichen Verbesserungen und Überarbeitungen wird hier festgehalten.

Üblich ist es, Verträge über Exposees oder Treatments zu erstellen, die nur eine Option auf das Drehbuch beinhalten. Denn schließlich kann man gar nicht wissen, ob z.b. der Fernsehsender sein »Go« für eine Produktion gibt und damit die finanziellen Grundlagen für eine Weiterentwicklung schafft – dennoch muss sich die Produktionsfirma ja mit einem Stoff bewerben. D.h. erst wenn das Exposee abgenommen wurde und die Finanzierung des Filmvorhabens gesichert ist, schreibt der Autor eine erste Version des Drehbuchs. Idealerweise ist ein Drehbuchvertrag bereits Bestandteil des Exposeevertrags und tritt bei Erfüllung des Exposeevertrags in Kraft.

Was die immerwährende Frage nach dem Ideenklau angeht: Das Exposee, aber vor allem auch das Treatment helfen Ihnen dabei, Ihren Stoff zu schützen. Die bloße Idee für einen Stoff ist nicht schutzfähig. Urheberrechtlicher Schutz entsteht erst, wenn eine persönliche geistige Schöpfung vorliegt – und diese manifestiert sich in einem ausführlichen Exposee, das alle wichtigen Bausteine des Stoffes unterscheidungskräftig darstellt, besser aber noch im ausführlicheren und detaillierteren Treatment. Wenn Sie jemandem mündlich kurz von Ihrer Stoffidee erzählen und dieser bald darauf einen Film zu diesem Thema in die Kinos bringt, werden Sie ihn kaum dafür belangen können. Wenn Sie aber ein Treatment eingereicht haben, welches als rechtlich geschütztes Werk zu beurteilen ist, und der realisierte Film deutliche Übereinstimmungen dazu aufweist, könnten Sie wegen Urheberrechtsverletzung klagen. Da die Produzenten um diesen Umstand, der eine mögliche Produktion lahmlegen kann, und die damit verbundenen Kosten wissen, ist das Risiko für einen Diebstahl eher gering – wenngleich nicht auszuschließen. Letztlich würde aber wohl jeder Produzent lieber das geringe Geld für einen Exposeevertrag zahlen, als dass er die Millionen der späteren Produktion aufs Spiel setzt.

Die gängigen Preise für ein Exposee liegen zwischen 2.000 und 3.000 Euro. Für ein Treatment können zwischen 5.000 und 10.000 Euro verlangt werden. Allerdings ist darauf hinzuweisen, dass erfahrene, professionelle Autoren höhere Gagen erzielen können als blutige Anfänger. Diese müssen sich manchmal mit Dumping-Preisen zufrieden geben.

Die obigen Preise beziehen sich auf einen 90-minütigen Film, würden aber für eine Serien- oder Sitcomfolge dementsprechend niedriger liegen. Im Kinobereich ist es schwer, eine solche Orientierung zu bieten – hier variieren die gezahlten Gelder zwischen sehr kleinen und sehr großen Summen, gerade wenn es um die Verfilmungsrechte eines bekannten Romans geht. Solche Adaptionen folgen im Arbeitsprozess eigenen Gesetzen, im Wesentlichen spielt es aber keine Rolle, ob Sie einen eigenen Stoff oder einen adaptierten Stoff in Ihrem Exposee oder Treatment darstellen wollen.

Man muss jedoch nicht nur zwischen Kino und Fernsehen, sondern auch zwischen Einzelstoff und Serie trennen. Im letzteren Fall geht es nicht mehr primär darum, Ihre gänzlich neue Idee zu verkaufen, sondern innerhalb des bereits festgelegten Rahmens der Serie Ihre Rolle als Autor auszufüllen. Wenn Sie eine Folge der Serie schreiben, wird man sich auch hier über verschiedene Zwischenstufen dem Drehbuch nähern. Die Besonderheit liegt nun allerdings darin, dass die jeweiligen Formate vielleicht ganz eigene Anforderungen an das Exposee oder Treatment stellen. Es kann durchaus üblich sein, dass Ihr Exposee über zehn Seiten lang sein soll und womöglich Dialoganteile enthält oder dass Sie das Treatment sofort in Form eines Bildertreatments einreichen müssen. Diese Wünsche wird Ihnen dann aber der Producer mitteilen.

Ein kurzer Zwischenruf: Ob Sie für eine Serie schreiben oder Ihren eigenen Stoff als »ganz großen Kinofilm« entwickeln – Recherche gehört zu den Grundaufgaben und -pflichten eines Autors. Nutzen Sie die Informationen, die Sie zu einem Thema bekommen, als Chance für neue Ideen! Und versuchen Sie nicht zu schummeln: Nichts ist peinlicher, als wenn nach der Ausstrahlung sich das Feuilleton auf das Thema stürzt oder hunderte erboste Zuschauer anrufen und die soeben erzählte Geschichte als Humbug entlarven, weil sie auf einer falschen Grundannahme beruht! Recherche kann mühsam sein, doch sie lohnt sich immer.

Die Folge einer Fernsehserie wird innerhalb von einer Stunde vielleicht sogar nur nebenbei konsumiert, ein Spielfilm verschafft seinem Publikum anderthalb oder zwei Stunden Abwechslung. Doch hinter diesen kurzen Momenten der Ablenkung steckt ein gewaltiges Pensum Arbeit, nicht nur vor der Kamera, nicht nur hinter der Kamera am Drehort, sondern auch lange, lange vorher. Der Stoffentwicklungsprozess braucht seine Zeit – die immer unterschiedlich lang sein kann. Das hängt vom Stoff selbst und schließlich auch von allen Beteiligten ab. Es geht jedoch immer darum, eine kleine Idee so weit zu durchdenken und zu erweitern, dass am Ende die Vorlage für einen Film herauskommt. In den verschiedenen Zwischenstufen wird der Stoff immer mehr verdichtet. Jede folgende Schriftstufe ist detaillierter als die vorangegangene. Und auch die Gewichtung verschiebt sich: Im Exposee sind die Strukturen eher narrativ, im Drehbuch liegen später eher deskriptive Strukturen vor. Denn immer mehr Elemente werden eingearbeitet und berücksichtigt, bis am Ende das Drehbuch steht, das alle für die Produktion relevanten Informationen enthält: den Plot, die Figuren, die Dialoge, die Settings, usw. Der Stoffentwicklungsprozess ist sozusagen ein teleologisches Modell. An seinem Ende steht ein fertiges Drehbuch.

Das Exposee ist ein Arbeitsinstrument, ein Gebrauchstext. Besonders im Vergleich mit anderen literarischen Formen wie Roman und Theaterstück wird die komplizierte Situation des Drehbuchs, seiner Vorstufen und seines Autors deutlich. Je mehr die narrativen Formen abnehmen, desto weniger Kontrolle hat der Autor über sein Werk.

Ein Roman gehört dem Autor selbst. Die Einflüsse, die der Lektor nimmt, sind (zumeist) eher marginal, die »Aufführung« des Romans ist privat und es sind nur der Leser und das ihm vorliegende Buch beteiligt – eine Autorenlesung mal ausgenommen. Beim Theaterstück kommen Regisseur, Bühne und Schauspieler als Interpretatoren hinzu. Sie formen das Werk teilweise um. Dies geschieht zwar auch nur in einem gewissen Rahmen, doch durch die Aufführung wird die Bedeutung des Dramentextes interpretiert und dadurch mitunter geändert.

Das Drehbuch wird später von einer Vielzahl unterschiedlichster Berufsgruppen als Vorlage für ihre Arbeit genommen und interpretiert. Der Entwicklungsprozess zuvor, der in den Inhalt des Drehbuchs eingreift, ist deutlich abgekoppelt, und hier sind es nicht nur Regisseur und selten Schauspieler, sondern vor allem auch Produzenten, Producer und Redakteure, die Einfluss nehmen.

Das Drehbuch wird auch als *Blueprint*, also als Konstruktionszeichnung bezeichnet. Auf seiner Grundlage wird später der Film erstellt. Das Drehbuch formuliert also vor, was später auf der Leinwand zu sehen sein wird. Das Drehbuch impliziert Angaben für die (mögliche) Kameraeinstellung, für das Casting, für die Auswahl der Schauplätze, für die Lichtsetzung und nicht zuletzt für die zu erwartenden Kosten. Die verschiedenen an der Produktion Beteiligten entnehmen dem Text die für ihre jeweilige Arbeit wichtigen Angaben.

Bis zum Dreh durchläuft der Stoff einen kreativen Prozess mit vielen Beteiligten, die alle in der ein oder anderen Form dazu beitragen, sei es, weil der Produzent aufgrund zu hoher Kosten Szenen umschreiben lässt, sei es, weil der Fernsehsender einen bestimmten Schauspieler besetzen will und die entsprechende Rolle angepasst werden muss – sei es, weil die Schauspieler in den Proben feststellen, dass bestimmte Dialoge so nicht sprechbar sind oder weil die Dreharbeiten vor Ort durch äußere Einflüsse so gestört werden, dass hier Änderungen nötig werden. All diese Änderungen werden in den verschiedenen Fassungen des Drehbuchs festgehalten. Sobald der tatsächliche Dreh beginnt, werden sie in Form von gelben, grünen, blauen usw. Seiten in die letzte Fassung eingefügt.

Der Stoffentwicklungsprozess läuft also weiter, auch dann, wenn das Drehbuch schon vorliegt. Es scheint kaum ein Ende zu geben – sicher, da ist der fertige Film –, aber zumindest ist das Finale auf Schriftebene unspektakulär. Nur selten werden Drehbücher noch in Buchform herausgebracht. Dies sind zudem oft die Abschriften eines Films, und keinesfalls die tatsächlichen Regiefassungen, nach denen gedreht wurde. Meist aber gibt es kein definitives Ende für ein Drehbuch. Claudia Sternberg prägte dafür den Begriff vom Drehbuch als *Literatur im Flux*. Jochen Brunow folgert sogar, dass das Drehbuch »verbrennt«.

Nun, das Leben eines Exposees ist ungleich kürzer als das eines Drehbuchs.

3. Der Markt vs. Der Stoff an sich

Bevor Sie Ihren Stoff in die Form eines Exposees oder Treatments bringen, sollten Sie über den Stoff an sich nachdenken. So selbstverständlich dies klingt, so selten wird es anscheinend gemacht. Wie sonst sind die unzähligen kursierenden Stoffe zu erklären, die keinerlei Erfolgsaussichten haben?

Im Zentrum eines erfolgreichen Films steht immer eine gute Geschichte. Selbst wenn Sie ein formal und strukturell perfektes Exposee schreiben (sofern das überhaupt geht), ist damit noch längst nicht gesagt, dass Sie dieses tatsächlich verkaufen können. Denn für Ihre Geschichte muss ein Markt da sein, eine potenzielle Zuschauerschaft, die sich für das Thema (vgl. dazu auch Kapitel 6.6) interessiert.

Es ist unmöglich, hier auf die Wünsche oder Vorstellungen der Fernsehsender einzugehen – diese sind sehr unterschiedlich und variieren darüber hinaus ständig, so dass sie eigentlich gar nicht in Buchform gebracht werden können. Eine wöchentliche Kolumne würde sich da besser eignen.

Stattdessen wollen wir über ein paar Grundfesten sprechen und uns weitere Marktbedingungen ansehen, die ebenfalls kaum variieren.

Aber zunächst fragen Sie sich doch einmal: Was erwartet das Publikum? Und vor allem: Wer ist Ihr Publikum? Für wen schreiben Sie? Sie sollten Ihre Zielgruppe immer im Blick haben. An ihr muss sich der Stoff in all seinen Aspekten orientieren.

Besonders die privaten Fernsehsender haben, was ihre Zielgruppendefinitionen angeht, sehr klare Profile – im Gegensatz zu den öffentlich-rechtlichen Sendern, die ja per Rundfunkstaatsvertrag ein Programm für die gesamte Bevölkerung liefern müssen. Insofern haben hier eher einzelne Programmfenster bestimmte Zielgruppen im Visier. Aber sicherlich hat auch ARTE ein besonders klares Profil. Dieser Sender versucht, vornehmlich kulturinteressierte und damit gebildete Zuschauer anzusprechen.

Die amerikanischen Blockbuster-Kinofilme werden zum großen Teil für 14-28-jährige und primär männliche Zuschauer konzipiert.[1] Das ist das Publikum, das in den USA mit Abstand am häufigsten ins Kino geht und auch bereit ist, entsprechend viel Geld auszugeben – Popcorn und Softdrinks werden immer stärker in die Kalkulationen mit einbezogen. Nicht nur deshalb kann man den Inhalt der meisten Hollywood-Blockbuster in zwei Sätzen zusammenfassen (das versucht übrigens auch die *Logline* in einem Lektorat) – die so genannte *High Concept Idea* hat Steven Spielberg 1975 mit dem *Weißen Hai* eingeführt. Um den Inhalt zu verstehen, genügen wenige Stichwörter, die auch ein Grundschulkind nachvollziehen kann.

---

1   Vgl. u.a. Lent, Michael: Executive Decision. In: Creative Screenwriting 10 ' 4, 2003, S. 42.

Die Independent-Schiene fokussiert ein ganz anderes Publikum. In Deutschland sind die Kinobesucher im Alter von 20 bis 39 die größte Gruppe, Männer und Frauen sind dabei annähernd gleich verteilt.

Wenn Sie für das Kino schreiben, sind es schließlich die Blockbuster, mit denen sich Ihr Kinostoff messen lassen muss. Nicht im direkten Vergleich, doch die US-Ware nimmt eben einen enorm großen Anteil ein (fast jede vierte Kinokarte wurde 2011 für einen Top-Ten-Film gelöst. Der Anteil des deutschen Films machte im selben Jahr 21,8 Prozent aus – und das obwohl unter den Top 20 mit *Kokowääh*, *What a Man*, *Wicki auf großer Fahrt* und *Almanya – Willkommen in Deutschland* vier deutsche Filme waren. Bei diesen niedrigen Zahlen wundert es nicht, dass der Weg eines Stoffes auf die Leinwand nicht unproblematisch ist.

Wenn Sie also einen kommerziellen Kinofilm schreiben wollen, fragen Sie sich bitte Folgendes:

Erstens:

Warum sollte jemand durchschnittlich über sieben Euro bezahlen, um sich Ihre Geschichte anzusehen? Ist die Geschichte so besonders? (Und seien Sie ehrlich!) Was ist es, das diese Geschichte so besonders macht? Geschichten über Dreiecksbeziehungen gibt es in unzähligen Variationen – was ist es, das Ihre Geschichte davon abhebt? Ist es vielleicht der Blickwinkel, aus dem heraus Sie den Plot erzählen?

Versuchen Sie, etwas Originelles zu finden. Sei es der Stoff selbst, oder sei es die Sichtweise. Auch ein bekanntes Thema können Sie neu besetzen und variieren. Sie müssen nicht den originellsten Stoff aller Zeiten erfinden – so etwas geht immer schief, weil Sie das Publikum damit überfordern. Ihre Zuschauer brauchen oftmals die Gewissheit, sich bestimmten Konventionen ausliefern zu können und reagieren irritiert, wenn ein Stoff nicht ihren Erwartungen entspricht.

Das Genre schafft also Einschränkungen, gleichfalls aber auch Möglichkeiten. Gerade die vermeintlich festgesteckten Grenzen eines Genres können die Kreativität des Autors anfachen. Sie können die Klischees durchbrechen, können damit spielen, aber nur, wenn Sie die Norm entsprechend beherrschen. Bevor man revoltiert, muss man wissen, gegen was man protestiert. Alles andere wirkt amateurhaft oder zumindest artifiziell.

Fragen Sie sich zweitens:

Ist Film das richtige Medium? Ist dieser Stoff tatsächlich dafür geeignet, auf der überdimensionalen Leinwand abgespielt zu werden? Ist die Geschichte »groß« genug? Sind die zu erwartenden Bilder ausdrucksstark genug? Oder ist vielmehr die kleine Mattscheibe des Fernsehens geeigneter für Ihre Idee? Bietet Ihr Stoff womöglich sogar die Basis für eine Serie? Beachten Sie aber auch, dass Sie vielleicht sogar ein nicht-audiovisuelles Medium wählen müssten. Viele Geschichten sind in Buchform viel besser aufgehoben und entfalten nur hier ihre volle Wirkung.

Fragen Sie sich drittens:
Entspricht der Film dem Zeitgeist? Ist es eine Geschichte, die jetzt erzählt werden muss? Oder genauer: Ist es eine Geschichte, die in ein oder zwei Jahren den Nerv der Zuschauer trifft? Denn so lange wird es mindestens dauern, bis Ihr Stoff verfilmt wurde. Sie müssen also versuchen, die Zuschauerhaltung in der Zukunft zu antizipieren – und genau dasselbe werden auch Lektor und Produzent versuchen.

Welche Aussage treffen Sie mit der Geschichte, was wollen Sie überhaupt sagen? Nicht nur inhaltlich, sondern auch dramaturgisch müssen Sie später ebenso darauf achten, wie die Aussage getroffen wird. Wird Sie im Protagonisten widergespiegelt und macht dieser eine Entwicklung durch?

Reflektieren Sie auch Ihr Thema (vgl. dazu Kapitel 6.6)! Es scheint seltsamerweise so zu sein, dass sich Autoren anfangs weniger Gedanken über das Thema machen – die Lektoren dagegen aber mehr. Da Sie diesen keine Angriffsfläche liefern wollen, sollten Sie Ihren Stoff daraufhin abklopfen.

Und erst dann interessiert viertens:
Ist es ein überzeugendes, handwerklich gutes Exposee / Treatment?
Wenn Sie nun den Stoff im Exposee oder Treatment entwickeln, behalten Sie die Konsequenzen Ihres Tuns für die Marktchancen Ihres Stoffes immer im Blick. Diese spiegeln sich z.b. in dem tragenden Konflikt wider. Wenn Sie äußere Konflikte (z.b. »Ein in Seenot geratenes Containerschiff droht zu sinken« oder »Gangster nehmen einen ganzen Schnellzug als Geisel«) wählen, so sollten Sie sich darauf einrichten, dass Sie eher ein breites Mainstreampublikum ansprechen, dass aber Ihr Film entsprechend teuer zu finanzieren ist und damit Ihre Erfolgsaussichten, den Film bei einem Produzenten oder Sender unterzubringen, geringer sind. Denn äußere Konflikte (vgl. Kapitel 5.4), nämlich der Kampf des Menschen gegen die Natur oder gegen die Technik, sind meist extrem kostenintensiv in der Produktion. Es kostet nun einmal eine Menge Geld, einen Vulkanausbruch, einen großen Hai oder eine Raumstation zu visualisieren. Denken Sie immer an die Produktionskosten. Mit einem Exposee geben Sie bereits einen sehr groben Weg für den späteren Film vor.

Wenn Sie dagegen einen inneren Konflikt in das Zentrum Ihres Stoffes stellen, sollten Sie darauf gefasst sein, dass Sie tendenziell eher ein *Arthouse*-Publikum erreichen – auch wenn Filme wie *Sex, Lügen und Video* sehr erfolgreich waren. Der breite Mainstream lässt sich jedoch eher mit den klassischen Antagonistenkonflikten erreichen, die eine klare Einteilung wie Gut gegen Böse widerspiegeln – auch eine Tatsache, die Sie bei der Schaffung Ihres Antagonisten beachten sollten.

Aber halten Sie die Zuschauer nie für dumm. Sie sind intelligenter, als Sie denken. (Gleiches gilt natürlich für den Leser Ihrer Stoffe.)

Beobachten Sie die Konkurrenz! Welche anderen Filme haben gegenwärtig Erfolg? Wie grenzt sich Ihr Stoff dagegen ab?

Wenn Sie für das Fernsehen schreiben – überprüfen Sie, welche Stoffe bei welchen Sendern laufen! Was sind Erfolge, was sind Flops? Nach einem katastrophal gefloppten, aber extrem teuren Eventmovie, der vielleicht im Mittelalter spielt, wird der Sender wahrscheinlich zunächst die Finger von historischen Stoffen lassen wollen – auch wenn Ihre Idee noch so gut und überzeugend sein mag. Welche Themen sind gerade aktuell? Was beschäftigt die Menschen? Auch wenn Sie zentrale Gefühle wie Liebe oder Eifersucht erzählen wollen, die sicherlich fast alle Menschen nachvollziehen können – Sie müssen diese Themen in verständliche Handlungen und Settings einbauen und diese müssen sozusagen den Zeitgeist treffen. Schwieriger noch: Sie müssen den Zeitgeist antizipieren. Sie müssen sozusagen vorhersehen, was in ein bis zwei Jahren interessant sein wird.

Wichtig: Was ist der USP Ihres Stoffes? Unter dem *Unique Selling Point* versteht man das, was Ihre Idee von allen anderen unterscheidet und was sie so besonders macht. Auch wenn Sie die 30.000.000ste Liebesgeschichte erzählen: Sind es vielleicht die ganz besonderen Figuren, ist es ein besonderes Setting, ist es der Ton der Geschichte oder ist es die neue Sichtweise auf das alte Thema?

Eine Grundfrage ist aber immer auch diese: Warum schreiben Sie? Weil Sie sich selbst verwirklichen wollen? Weil Sie eine Geschichte in sich haben, die erzählt werden muss? Weil Sie Geld verdienen wollen? Sie sollten versuchen, in jedem Fall eine Balance zwischen den Marktbedürfnissen und Ihren eigenen Wünschen zu finden. Für den Erfolg Ihres Stoffes gilt jedoch immer dies als wichtigste Frage: *Wer will das sehen? Und warum?*

Ihr Stoff wird daraufhin analysiert, worum es in der Geschichte geht, wie dies erzählt wird, welches Publikum sich dafür interessieren dürfte und schließlich auch, wie teuer die Verfilmung wäre. Ein über den Text hinausgehendes Interesse besteht seitens Ihrer Leser übrigens auch – allerdings ist dieses sekundär: Es wird darauf geachtet, welche Erfahrungen ein Autor vielleicht hat oder ob sein bisheriges Werk eine Tendenz zu einem bestimmten Genre aufweist.

Es ist ein Paradox, aber leider ebenso wahr: Was auch immer Sie im Exposee oder Treatment schreiben – Sie werden für das kritisiert werden, was nicht drin steht. Das scheint im Wesen der Sache zu liegen – schließlich fühlen sich die anderen Beteiligten ebenfalls als kreative Köpfe, die sich eigene Gedanken über den Stoff machen und »sich einbringen möchten«. Man kann es kaum jedem recht machen.

> If you focused on character, the plot will be deemed ›unclear‹. If you focused on plot, the characterizations will be considered ›thin‹. If you managed to get both character and story in there, there will be complaints about tone, or a lack of clear theme. (Remember, you've only got about seven pages.) If you try to include every little detail, you'll end up writing a twenty-page treatment that will be considered ›dense,‹ ›in need of simplification‹ and ›lacking in clever dialog, acting and cinematography.‹[2]

---

2   Terry Rossio: www.wordplayer.com/columns/wp37.Proper.Treatment.html am 07.09.2012.

Lektoren, Redakteure und andere »Entscheider« sind daraufhin geschult, etwaige Schwachpunkte zu finden. Das ist ihr Job. Und es gibt einfach kein perfektes Treatment oder Exposee.

Schlüpfen Sie selber in die Rolle des Lesers. Das Standardlektorat vom *Medienboard Berlin-Brandenburg* ist ein interessantes Mittel, um die eigene Schreibe zu überprüfen. Hier sind viele Fragen zusammengefasst, die ein Lektor an Ihr Exposee oder Treatment stellen wird. Es lohnt sich, selbst einmal die »andere Seite« einzunehmen und den eigenen Stoff zu überprüfen.

Ein Thema, das leider immer zu kurz kommt, aber Ihre Marktchancen erhöht, wenn Sie einen Stoff einreichen, ist der Titel. Er thront an allererster Stelle auf dem Exposee-Deckblatt und spielt nicht nur daher eine besondere Rolle.

4. Der Titel

Der Titel spielt nicht nur beim fertigen Film, sondern bei jedem Stoff – egal in welcher Form – eine wichtige Rolle. Leider wird dieses Thema immer wieder unterschätzt und oft so stiefmütterlich behandelt, dass viele Autoren die Möglichkeiten und Chancen einfach übersehen, die ihnen die Titelgebung ihres Exposees oder Treatments bietet.

Dabei ist die Titelentwicklung ein kompliziertes Gebiet. Zum einen gehört der Titel zu den Marketingmaßnahmen, mit denen ein Film verkauft wird. (Dennoch: Verfolgt man die Einträge im Titelschutzanzeiger, wünscht man oft, dass diese Filme nie realisiert würden.) Daher muss der Titel bestimmten Anforderungen genügen. Das bedeutet allerdings auch, dass über den Titel auch von anderer Seite entschieden wird – nach ganz anderen Gesichtspunkten als denen des Autors. Es besteht also die Wahrscheinlichkeit, dass der Titel im Stoffentwicklungsprozess noch verändert wird, insofern schreiben Sie zuerst immer nur einen Arbeitstitel.

Nichtsdestotrotz sollten Sie großen Wert auf die Titelfindung legen. Schließlich ist er das Erste, was bei einem Stoff ins Auge fällt, wenn Sie Ihr Exposee oder Treatment einreichen. Er ist die erste Information, die Sie über Ihren Stoff vermitteln können. Er ist auch die erste Chance zu beweisen, dass Sie nicht nur kreatives, sondern auch kommerzielles Gespür haben. Und er ist leider auch die erste Chance, einen ersten Eindruck gründlich zu vermasseln. Wenn der Arbeitstitel richtig gut ist, sind die Chancen größer, dass Sie ihn auch behalten können.

Ein guter Titel muss vielerlei Funktionen erfüllen. Er muss neugierig machen, darf nicht zu kompliziert sein, sondern eingängig und griffig. Versuchen Sie daher bei der Titelfindung möglichst kurz und prägnant zu sein. Am eingängigsten sind Titel, die aus ein bis fünf Wörtern bestehen. Der Titel muss in Ton und Stil dem Stoff entsprechen. Stellen Sie sich vor, wie Ihr Titel auf einem Filmplakat oder in einer Programmzeitschrift aussehen würde. »Fühlt« sich das an wie ein richtig guter Film?

Sicher, verlässliche Untersuchungen darüber, welche Auswirkungen Filmtitel auf den Kaufentscheid haben, gibt es wohl kaum. Allerdings sollte auch einem Laien bewusst sein, dass jeder Titel eine immense Wirkung hat. Überprüfen Sie das doch bei sich selbst. Würden Sie einen Film besuchen, der *Harry Schnicke versus die Killerkatzen der Venus* heißt? Es sei denn, Sie sind ein Trashliebhaber... Sie sehen selbst, der Titel lässt Rückschlüsse auf, oder besser gesagt: Spekulationen über den Inhalt des Films zu.

Gute Titel spielen direkt auf die Kernsituation der Geschichte an. Sie versuchen gleichzeitig, den Ton der Geschichte zu treffen, z.B. *Die innere Sicherheit* oder *Agnes und seine Brüder*, und wenn möglich, bieten sie gleichzeitig etwas Irritierendes, wie bei Letzterem.

Der Titel des Exposees deutet den Inhalt an, macht aber gleichzeitig neugierig. Er suggeriert etwas Interessantes auf den nächsten Seiten Ihres Stoffes. Sie sollten dies allerdings nicht durch allzu bizarre Formulierungen auf die Spitze treiben. Die Gefahr, dass Sie den Leser verlieren, ist groß. Denn vermeintliche Originalität kann schnell ins Protzenhafte umschlagen und damit auf den Autor verweisen. Und denken Sie jetzt schon an die Kritiken. Falls Sie mit Wörtern wie »Das perfekte ...« spielen, brennt es den meisten Rezensenten unter den Nägeln, mit Formulierungen wie »...ist überhaupt nicht perfekt...« zu kontern. Machen Sie es den Kritikern nicht zu einfach.

Die Freiwillige Selbstkontrolle der Filmwirtschaft (FSK) hatte ihre Datenbank ausgewertet und die vorhandenen Filmtitel auf die Häufigkeit der Wörter untersucht. An erster Stelle steht die »Liebe«, dann folgen »Mann« und »Frau«, bald darauf die »Nacht«, dann folgen »Welt«, »Leben«, »Tag« usw. ...«. Der Titel mag dadurch einerseits kalkulierbar scheinen, doch andererseits gibt es viele Möglichkeiten für die Gestaltung.

Der Titel kann z.B. auf das Genre hinweisen: *Mission Impossible* ist sicherlich kein Drama und ein Titel wie *Schöne Venus* spricht eher nicht für einen Actionfilm, muss aber auch nicht unbedingt auf einen Porno hindeuten.

Der Titel kann auf den zentralen Konflikt des Plots hindeuten, wie bei *Zurück in die Zukunft* oder *Ein seltsames Paar*. Auch *Italienisch für Anfänger* oder *Catch me if you can* beschreiben die Grundsituation oder die Prämisse der Geschichte.

Titel können sich auch auf die Hauptfigur beziehen wie bei *Rocky* oder *The Big Lebowski* oder auf eine Gruppe abzielen: *Das dreckige Dutzend* oder *The Royal Tenenbaums*.

Titel beschreiben Zeitangaben *An einem Freitag um halb zwölf* oder *Im Juli*, und geben einen Hinweis auf den Inhalt: *Saturday night live*. Auch das Setting spielt immer wieder eine Rolle, wie *Berlin, Alexanderplatz*, *Paris, Texas* oder *Wir Kinder vom Bahnhof Zoo* zeigen.

Der Titel kann sich auf das Thema beziehen wie bei *Adaption* oder die Stimmung des Films auch in Wortwahl und Ton veranschaulichen: *Bang Boom Bang* oder *Some like it hot*. Oftmals erweisen sich Titel als doppeldeutig: *Der talentierte Mr. Ripley* versus *Ein einfacher Plan*. Beide Titel haben eine ambivalente Stelle. Im Letzteren ist sie ironisch gebrochen, denn der Plan entpuppt sich als alles andere als einfach. Dafür ist Mr. Ripley tatsächlich durchaus talentiert.

Manche Titel treffen einen Zeitgeist sehr genau: *www.mädchenkiller.de* wurde zu einer Zeit realisiert, als das Internet sich breiteren Öffentlichkeitsschichten erschloss und erste Abgründe und Gefahren der virtuellen Welt sich auch dem *Bild*-Leser erschlossen. Mit Sicherheit referiert der Titel auch auf die Ambition des Films und auf dessen Zielgruppe. *Nightmare on elm street Teil 3* ist sicherlich etwas anderes als *Brot und Tulpen* oder *The Motorcycle Diaries – Die Reise des jungen Che*.

Für Ihre Titelwahl sollten Sie darüber hinaus beachten, dass dieser von einer möglichst breiten Masse verstanden werden sollte und nicht nur von Insidern. Versuchen Sie, Klischees zu vermeiden.[1]

Und vor allem: Grenzen Sie sich von anderen Titeln ab. *Kein Himmel über Afrika; Nirgendwo in Afrika; Jenseits von Afrika* oder *Eine Liebe in Afrika* – ich muss gestehen, dass ich da den Überblick verliere.

Ein kurzer Hinweis auf die rechtlichen Grundlagen: Nach dem Markengesetz entsteht der Titelschutz in dem Moment, wenn ein Titel genutzt wird. Hierzu muss kein Antrag ausgefüllt werden, die Publikmachung des Titels genügt. Wichtig jedoch ist, dass der Titel eine gewisse Unterscheidungskraft hat (die bei dem obigen Beispiel anscheinend gegeben ist, bei einem dokumentarischen Beitrag wie »Die französische Küche« aber nicht). Da aber vor der Ausstrahlung eines Films viel Zeit und Geld in die Produktion von z.B. Logos oder anderen Marketingmaßnahmen gesteckt wird, und es auch darüber hinaus ärgerlich wäre, wenn einem ein geeigneter Titel weggeschnappt würde, wird durch eine sogenannte Titelschutzanzeige das Recht auf den Titel kenntlich gemacht. Hierzu kündigt die Produktionsfirma im *Titelschutzanzeiger* oder über das *Spio*-Titelregister in *Blickpunkt Film* an, dass demnächst ein Werk unter einem bestimmten Titel in Umlauf gebracht wird. Gerade bei Fernsehproduktionen werden oft Titel in mehreren Abwandlungen genannt. Allerdings kommt hier ein Zeitfaktor ins Spiel, der diese Art von Titelsicherung für den Autor wenig attraktiv macht: Innerhalb von sechs Monaten nach Bekanntgabe soll die tatsächliche Verwertung des Titels erfolgen – ein unmöglicher Zeitraum, falls Sie noch am Anfang des Exposees sind. Insofern: Wählen Sie einen guten Arbeitstitel, informieren Sie sich online unter www. titelschutzanzeiger.de über mögliche Konkurrenztitel und vertrauen Sie zunächst Ihrem Produzenten.

---

1   Übrigens: Über 60 Serien haben eine Episode mit »Schatten der Vergangenheit« betitelt. Das zum Umgang mit Klischees. (Vgl. FAZ am 08.05.2005)

5. Das Exposee

5.1 Die Funktion des Exposees

Das Exposee wie auch das Treatment werden nur für die Leser geschrieben, die am Arbeitsprozess unmittelbar beteiligt sind. Sie sind nur eine Zwischenstufe im Stoffentwicklungsprozess. Nach den ersten Besprechungen taucht das Exposee nicht mehr auf, vielleicht wird es gerade noch in irgendeinen Aktenordner verbannt. Im Gegensatz zum Drehbuch führt das Exposee ein Schattendasein. Unauffällig bleibt es im Hintergrund. Ein Film wird vielleicht von Millionen Menschen gesehen. Das Drehbuch dazu wird vielleicht von fünfzig oder hundert Personen gelesen: Kamera, Regie, Bühne, Schauspieler und Beleuchter, Financiers und Marketingstrategen – für sie alle ist das Drehbuch Pflichtlektüre.

Ein Exposee wird von einer viel kleineren Gruppe gelesen. Hier finden sich nur Producer, Produzent, Redakteur und Lektor als Leserschaft zusammen. Vielleicht ist es diese geringe Zahl, vielleicht ist es auch der geringe Umfang des Exposees, der den Umgang mit diesem Text so grob und herzlos macht. Nichts wird so schnell konsumiert, ist so schnell ent- oder verworfen wie ein Exposee. Eigentlich kann man nicht einmal davon sprechen, dass es »verbrennen« würde wie das Drehbuch – das würde ja zumindest einen intensiven Reibungsprozess voraussetzen. Änderungen, über die man sich verständigt, werden in Form des ausdifferenzierteren Treatments eingereicht. Das Exposee verschwindet einfach nach der ersten Besprechung. Es verpufft im Nichts.

Im Charakter ist das Exposee ein Zwitterwesen. Es hat zunächst eine wichtige Funktion für den Autor selbst: Hier kann er seine Idee kurz formulieren und festhalten. In dieser ersten Form enthält das Exposee noch viele Leerstellen. Es ist daher noch formbar, beinahe elastisch. Schnell kann man Absätze streichen oder ändern, kann man neue Figuren hinzufügen oder andere streichen. Auf Basis des Exposees kann der Autor flexibel mit seiner Idee »spielen«. Jedem Anfänger ist davon abzuraten, sich sofort an das Schreiben eines Drehbuchs zu machen. Der Film ist ein hochgradig komplexes Medium, das sich nach vielen Gesetzmäßigkeiten richten muss, darunter auch hinsichtlich der Struktur. Die Drehbuchratgeber empfehlen zu Recht, das Ende der Geschichte zu kennen, bevor man anfängt zu schreiben. Das Ziel, auf das man hinsteuert, muss klar sein. Wenn man jedoch die Struktur und die generelle Entwicklung der Geschichte als Autor nicht vor sich hat, verrennt man sich unweigerlich in Probleme. Insofern dient das Exposee mit seiner Möglichkeit, die Idee kurz vorzuformulieren, als geeignetes Werkzeug für die Entwicklung eines Drehbuchs.

In manchen Fällen liegt der umgekehrte Weg vor: Manchmal wird ein Exposee für ein Drehbuch angefertigt, das bereits geschrieben ist. Es ist dann sozusagen ein »Pitch« für das fertige Buch. Es ist tatsächlich so, dass die Lektüre eines Exposees oder Treatments stellenweise bevorzugt wird. Zwar kann sich ein Stoff dem Leser erst im Drehbuch ganz erschließen, doch Zeit ist dann eben doch Geld. Ein Leser kann auch recht schnell erkennen, ob ein Stoff z.b. in das Senderprofil passt, dafür muss er keine 120 Seiten lesen. Fünf oder zehn Seiten, auf die der Stoff komprimiert ist, reichen aus. Also: Wenn der Wunsch an Sie herangetragen wird, dass Sie zu Ihrem Drehbuch ein Exposee verfassen sollen, müssen Sie dringend darauf achten, dass Sie keine bloße Zusammenfassung der Geschichte erstellen (vgl. Kapitel 5.5).

Ein Exposee darf niemals eine Nacherzählung sein, sondern muss suggerieren, dass es selbst die Geschichte *ist*. Und gleichzeitig muss das Exposee Lust auf mehr machen, auf mehr Details, mehr Bilder, mehr Informationen – Lust auf ein Treatment oder ein Drehbuch, Lust auf den Film.

Wenn man es genau betrachtet, ist das Exposee eine Lüge: Sie präsentieren eine Geschichte, die Sie – und das ist der »normale« Weg – noch gar nicht geschrieben haben. Sie versuchen, diese Geschichte zu verkaufen. Das ist der entscheidende Zweck des Exposees.

Auf dieser Ebene soll das Exposee den Leser, also den Lektor, den Redakteur oder den Producer davon überzeugen, dass er einen guten Stoff in den Händen hält. Insofern muss die Geschichte in einer Form dargeboten werden, die es möglich macht, den Kern des Stoffes zu erkennen. Der Aufbau des Stoffes muss sich danach richten, ebenso die Präsentation. Diese will den Fokus auf die Essenz der Sache lenken und nicht durch einen schönen Schein blenden. In ganz, ganz seltenen Fällen mag das funktionieren, aber das (filmische) Resultat wird schließlich alle eines Besseren belehren. Ein erfahrener Lektor spürt die Schwachstellen im Plot oder in der Grundidee auf – da würde es auch wenig helfen, wenn Sie das Cover mit Diamanten verzieren und auf Seidenpapier drucken würden (vgl. Kapitel 5.2).

Ein Exposee ist nie die verbindliche Aussage: Auf diese und keine andere Weise wird der Film gemacht. Ein Exposee ist ein Leckerbissen, ein Teaser, ein Schmankerl – eine Idee. Eine Idee, die sagt: »Schau her, hier ist eine tolle Geschichte und ich stelle mir vor, dass man sie auf diese Weise erzählen könnte. Aber sicher, wenn du willst, können wir auch noch darüber reden.«

Denn es ist nie das Exposee, das verfilmt wird. Es ist das Drehbuch.

Auch dies müssen Sie einkalkulieren, wenn Sie das Exposee schreiben. Betrachtet man die Verfilmung, auf die ja letztlich alles hinsteuert, wird ein seltener Zwiespalt offenbar. Die Relation zwischen dem Stoff und seinem Leser ist paradox: Ihr erster Ansprechpartner ist der Leser Ihres Exposees. Aber dieser ist ultimativ nicht das Zielpublikum für Ihren Masterplan: den Film. Für wen also schreiben

Sie ein Exposee? Letztlich für den Zuschauer, obwohl er dieses nie zu Gesicht bekommen wird (vgl. Kapitel 3). Von Ihrem ersten Leser, dem, den Sie überzeugen müssen, haben Sie allerdings eine viel genauere Vorstellung. Vielleicht ist es ganz konkret der Produzent, mit dem Sie schon ein Vorgespräch hatten, vielleicht ist es ein unbekannter Leser bei einem Sender oder eine ebenfalls nicht genau definierte Gruppe, die in dem Fördergremium sitzt. In jedem Fall aber ist Ihre Zielgruppe viel kleiner und daher genauer zu bestimmen.

Ihr Leser ist jemand, der sich vom Kritiker zum Partner wandelt, ja sogar wandeln muss. Sie wollen ihn überzeugen, damit er Ihnen das Geld gibt und man zusammen (!) die Geschichte weiterentwickelt und zu einem Ende bringt. Das bedeutet auch: Ihr Leser ist niemals ein Amateur, niemals das normale Publikum, das in den dunklen Kinosaal strömt oder um 20.15 Uhr den Fernseher einschaltet. Er ist ein Mensch, der mit Geschichten und Stoffen beruflich umgeht und arbeitet, ein Profi. Sie sollten ihm auf gleicher Ebene begegnen. Ein schlampiges Exposee voller Tippfehler, Kaffeeränder und einer Einkaufsliste auf der Rückseite beweist einen Hang zur Unordnung und schließlich auch, dass man sein Gegenüber nicht achtet (vgl. Kapitel 5.2 und 6.2).

Das Exposee wird vom Leser als Vorschlag wahrgenommen, zumindest ist das zu hoffen. Der Leser sollte erkennen, dass hier noch Raum für Ideen ist. Dabei spielt auch die Form des Textes eine Rolle. Die kurzen vier bis sechs Seiten sind nun einmal nicht so imposant wie die 120 Seiten des Drehbuchs. Ein Exposee ist schnell konsumierbar – und kann ebenso schnell vergessen werden. Gerade weil das Exposee einen solch flüchtigen Charakter hat, wird man sich mit diesem Text nicht so intensiv auseinandersetzen wie mit einem Drehbuch. Man überfliegt die Idee in wenigen Minuten, anstatt sich stundenlang mit der Lektüre zu beschäftigen.

Diese Kommunikationssituation ist durchaus problematisch. Ein Film hat ein breites Publikum, das ihn in der Regel in Gemeinschaft – im Kinosaal oder auch im Wohnzimmer – konsumiert. Diese »Aufführung« wird mit anderen Menschen geteilt – sowohl auf der rezeptiven als auch auf der produktiven Seite. Der Roman ist dagegen ein fast singulär zu nennendes Ereignis – auf Leser- wie auf Autorenseite. Ein Autor formuliert in stiller Einsamkeit sein Werk, welches von einem Leser in ebenso stiller Einsamkeit genossen wird.

Zwischen diesen beiden Polen sind das Exposee und auch das Treatment einzuordnen. Einerseits verweisen beide auf das spätere kollektive Erlebnis, andererseits werden beide zunächst solitär geschrieben und auch konsumiert. Jedoch gibt es hier eine Zwischenstufe, die eine Brücke zwischen einsamem und gemeinschaftlichem Erlebnis schlägt: der Stoffentwicklungsprozess. Exposee und Treatment werden hier von mehreren Parteien gelesen und diskutiert. Zunächst vielleicht schriftlich, dann aber mündlich in Stoffentwicklungskonferenzen. Dann kann das Exposee seine Wirkung als Werkzeug entfalten, vorher muss es aber seine Wirkung als Verkaufsargument beweisen – in der stillen und abgeschiedenen Situation des ersten Lesers.

In einem guten Roman kann es dem Autor gelingen, dem Leser ein besonderes, vielleicht »hypnotisches« Erleben zu verschaffen. Ein jeder von uns kennt den Moment, wenn man das Buch nicht mehr weglegen möchte, weil man von der dort dargestellten Welt gefangen und begeistert ist. Auch der Film kann einen solchen vergnüglichen Realitätsverlust erzeugen, er gaukelt große Gefühle vor. Ein Exposee kann das kaum. Zu abstrakt sind hier die Angaben, zu groß ist die Distanz, die der Leser überbrücken muss. Um seiner Funktion allerdings Genüge zu tun, muss das Exposee ein solches Vergnügen aber zumindest versprechen.

Beim Lesen eines guten Drehbuchs sollte man den zu erwartenden Film vor Augen haben. Die geschriebenen Worte formieren sich zu einer visuellen Vorstellung des Lesers, insofern bekommt die Lektüre eines Drehbuchs auch im Erkenntnisprozess ein ganz anderes Gewicht als die eines Exposees. Denn dieses präsentiert ja nur die Kurzform einer Geschichte. Es fehlen die detaillierten Handlungsschritte, die Dialoge, die genauen Beschreibungen der Szene oder der Aktionen der Schauspieler. Unmöglich, sich hier sofort etwas vorzustellen, gleich das visuelle Pendant des Gelesenen vor Augen zu haben. Special Effects oder witzige Dialoge, die dem Film »Pfeffer« geben könnten, fehlen hier ebenso.

Insofern wird der Leser des Exposees sofort auf etwas Unmittelbares zurückgeworfen: das Wesen des Plots. Er kann eine Geschichte gut finden, eine Wendung kompliziert, das Ende zu negativ oder die Figuren zu schwach (übrigens eine häufige Gefahr beim Exposee, vgl. Kapitel 5.3). Doch immerhin wird ihm die Geschichte in kürzester Zeit dargelegt.

Das Exposee muss es möglich machen, die groben Handlungen und Figuren zu erkennen. Der Leser wird von Ihrem Exposee nicht erwarten, dass es ihm die ganze Geschichte in allen Details erzählt. Auch wird er nicht erwarten, dass man ihm hier eine perfekte Geschichte bietet. In den meisten Lektoraten wird stehen, dass die Struktur der Geschichte aufgrund der Kürze der Angaben nicht abschließend zu beurteilen ist – was Ihnen als Autor schließlich eine Art »Puffer« einräumt. Der Aufbau wird sicherlich noch Fehler haben, die Figuren sind noch nicht rund, es fehlt an Themen, an Motiven, der Titel ist schlecht wie z.B. *Das Autobahnunglück* usw. Doch was der Leser sucht, ist das Potenzial der Geschichte und keine langatmige Untersuchung der Einzelheiten. Das Lektorat eines Exposees wird sich tendenziell weniger mit einer detaillierten Analyse der Figuren beschäftigen – weil ein Exposee solche einfach nicht darstellen *kann* – sondern vielmehr mit der Grundidee des Stoffes. Erst wenn diese beurteilt und für gut befunden wird, kann mit der weiteren Stoffentwicklung begonnen werden. Und das muss immer das Ziel sein. Es geht beim Exposeeschreiben immerzu darum, den Stoff und seinen Autor zu *verkaufen* – so erschreckend sich das für manche auch anhören mag. Und nach dieser Prämisse müssen sich Stil, Sprache, Aufbau, Inhalt und Format des Exposees richten.

Schreiben Sie ein professionelles Exposee, machen Sie es dem Leser so schwer wie möglich: Der Leser sucht zunächst das Negative und nicht die positiven Seiten eines Konzepts. Dies aber nicht aus Böswilligkeit. Sender werden (genauso wie Buchverlage) mehr noch als Produktionsfirmen mit Material überschwemmt. Es werden Gründe gesucht, Stoffe abzulehnen. Wenn der Leser erst argumentieren muss, um das Positive am Exposee herauszustellen, ist die Sache schon verloren. Denn warum sollte er, der doch eigentlich neutrale Leser sich für einen Stoff einsetzen? Es ist der Autor, der sich bemühen muss.

Auch wenn hier immer von der wichtigen Rolle des Exposees im Stoffentwicklungsprozess die Rede ist und es immer nur als »Keim« für etwas anderes thematisiert wurde: Sie begehen einen Fehler, wenn Sie beim Schreiben des Exposees nur auf das Drehbuch schielen. Alles was in diesem Moment zählt, ist das Exposee selbst. Sie sollten Ihre ganze Energie und Ihre Sorgfalt darauf verwenden, am Ende ein gutes Exposee zu präsentieren – sonst ist die Reise gleich vorbei. Das Treatment oder Exposee

> [...] ist Wort für Wort, Seite für Seite ebenso wichtig wie das fertige Werk, auch wenn es nie an die Öffentlichkeit gelangen wird.[1]

Erzählen Sie Ihre Geschichte. Aber nicht mehr als nötig. Der Leser muss genügend Informationen haben, damit er den Reiz der Geschichte versteht. Aber nur so viel, dass er neugierig auf das ganze Drehbuch ist.

5.2 Die Präsentation des Exposees

Wie gerade gezeigt dient das Exposee primär dazu, einen Stoff oder eine Idee »auf den Weg zu bringen«. Es ist also zunächst ein Verkaufsargument und hat damit bestimmte Bedingungen zu erfüllen. Diese Tatsache wird leider von vielen Autoren übersehen.

> If you don't make it look professional no producer or director or script editor will read it. [...] Don't write florid descriptions of anybody or anything. Keep it crisp, always.[2]

Was Prior hier über Drehbücher sagt, gilt ganz besonders für das Exposee oder Treatment. Denn beide sind eine Art Visitenkarte, sowohl für den Anfänger als auch für den professionellen Autor – obwohl bei Letzterem bestimmte Fehler zum einen weniger ins Gewicht fallen und zum anderen natürlich weniger häufig auftreten. Gerade unerfahrene Autoren müssen mit ihrem eingereichten Stoff einen guten Eindruck machen. Denn der erste Eindruck ist – wie so oft – entscheidend.

---

1   Friedmann, Julian: Unternehmen Drehbuch. 1995, S. 83.
2   Prior, Alan: Script to Screen. 1996, S. 207.

Der Stoffakquisitionsprozess verläuft zu einem großen Teil unpersönlich. Erst die erfahrenen Autoren verfügen über die entsprechenden Kontakte, so dass sie mit ihren Ansprechpartnern in direkten Kontakt treten, Themen diskutieren oder einen mündlichen Pitch landen können. Für alle anderen gilt der harte Weg über ein unverlangt eingesandtes Schriftstück, das sich durch brillante Ideen, einen spannenden Plot und ein professionelles Äußeres auszeichnen muss.

Der Grund, warum das professionelle Äußere hier so im Fokus steht, ist nicht etwa penible Pingeligkeit, die womöglich das oberflächliche Postulat des heilen äußeren Scheins in den Mittelpunkt rücken will – sondern einfach die erstaunliche und, ja, erschreckende Tatsache, dass die Realität meist leider anders aussieht.

Tatsächlich finden immer wieder obskure Werke ihren Weg auf die Schreibtische der Sender oder Produktionsfirmen. Da werden Fotos beigelegt – und die »einzigen, die zufällig zur Hand waren«, zeigen die Autorin im Bikini. Oder es werden Stoffvorschläge mit Casting-Vorschlägen verbunden, die absolut weltfremd sind: Guido Westerwelle, Dennis Hopper und Queen Mum in einem Film – und vor allem mit dem besten Freund des Autors in der Hauptrolle oder besser noch: ihm selbst. Da werden Lieder aufgenommen und beigelegt, die der Autor beim Schreiben gehört hat, denn anscheinend kann der Leser das Werk nur verstehen, wenn er eben auch diese Musik hört. Es werden eigene Lieder geschrieben und eingespielt, die dann gleich als Titelsong dienen sollen; ganz zu schweigen von irgendwelchen beigelegten selbst gehäkelten Socken (doch!) und Ähnlichem. Auch weniger spektakuläre Gags tauchen immer wieder auf.

> Many writers seem to work harder on the gimmick designed to get their script read than on the script itself. One submission was posted ten pages at a time to heighten ›the suspense‹. Some come with drawings to accompany the text or surveys to be completed by the reader. Some have dedications or poetic quotes the author undoubtedly feels adds a literary quality to the work. An e-query offered an elaborate puzzle to solve in order to ›win‹ the right to read the script…[3]

Auch die bloße Ankündigung einer Idee ist wenig Erfolg versprechend, zudem diese oft mit der Angabe der Kontonummer und eines meist irrwitzigen Betrags, der zu überweisen wäre, kombiniert wird. All dies zeugt von einer eindeutigen Unprofessionalität, die den erfahrenen Leser sicherlich zurückschrecken lässt. Falls er sich dann doch an die Lektüre macht, kann man sicher sein, dass er diese nicht wirklich freundlich gestimmt angeht.

Machen Sie einen professionellen Eindruck. Dies bedeutet: ein klares, sauber formuliertes Anschreiben, ein sauberer Briefumschlag mit dem korrekt geschriebenen Namen des Ansprechpartners und ein frisch ausgedrucktes Exemplar des Exposees. Ich betone dies, weil die Sparsamkeit (oder welche Gründe auch im-

---

3 Suppa, Ron: Why is Your Script Special? In: Creative Screenwriting, November / Dezember 2003, S. 34.

mer) manche Autoren dazu neigen lässt, bereits eingesandte und wieder zurückerhaltene Exemplare mehrmals zu verwenden. Und dies sieht man den Exemplaren leider dann auch an.

Das Exposee sollte keine lose Blattsammlung sein, doch auch von besonders ausgefallenen Bindungen sollte man absehen. Aufgrund der Kürze kann auch eine Heftklammer genügen. Farbige Blätter sollten Sie ebenfalls vermeiden. Und selbst gemalte Illustrationen auf dem Cover schaden mehr als dass sie nützen. Es gilt hier das ebenso alte wie bekannte Prinzip: Weniger ist mehr.

Stellenweise können Bilder oder Fotos ein bestimmtes Image gut transportieren, und zwar dann, wenn es den »Ton« des Stoffes trifft. Dies sollte aber hoffentlich nicht der letzte Schnappschuss aus dem Urlaub sein. Gestalterische Auffälligkeiten können genau das Gegenteil ihrer beabsichtigten Wirkung erreichen. In den letzten Jahren haben sich das Medien- und damit auch das Leseverhalten geändert. Wurden früher die Texte vielleicht per Mail eingereicht und für das Lesen (schwarzweiß) ausgedruckt, so arbeiten viele Entscheider heutzutage verstärkt mit Tablets wie dem iPad usw. Bunte Bilder entfalten hier natürlich wieder eine ganz andere Wirkung. Umso wichtiger, dass das Dokument grafisch klar strukturiert ist.

Ein professionelles Design, das sorgfältig ausgearbeitet und durchdacht ist, kann dem Stoff durchaus nützen. Und zwar dann, wenn es die intendierte Stimmung des Formats stützt, wenn es solide und übersichtlich (vor allem bei Serienkonzepten) gearbeitet ist und die Aufmachung hochwertig ist. Denn all das unterstreicht die Ernsthaftigkeit desjenigen, der das Exposee einreicht: Hier ist jemand, der sich umfassende Gedanken über seinen Stoff gemacht und sich lange mit ihm auseinandergesetzt hat. Das, was der Leser in der Hand hält, ist kein Schnellschuss, sondern eine auf mehreren Ebenen durchkomponierte Idee. Gerade wenn die Präsentation einen hochwertigen Eindruck vermittelt, kann das dem ganzen Projekt nutzen. Denn die positive Erscheinung der äußeren Hülle überträgt sich auf die Erwartung des Lesers. Vermeiden müssen Sie allerdings, dass die Vermutung entsteht, der Einreicher habe sich mehr Gedanken über die Präsentation als über den Stoff selbst gemacht und wolle hier nur durch eine aufgeblasene Hülle ein Nichts von einer Stoffidee verhüllen.

Das, was sich letztlich verkauft, ist eindeutig der Stoff selbst und nicht das Drumherum.

Auf das Cover gehören folgende Informationen: der Titel des Stoffes, die Bemerkung »Exposee« oder »Treatment«, der Name des Autors und der Produktionsfirma, eventuell die Anschrift sowie die Jahreszahl. Letztere aber auch nur dann, wenn das Exposee aus demselben oder bestenfalls aus dem vorigen Jahr stammt. Wenn eine Verabredung zwischen Produzent und Autor vorliegt (»Was haben Sie denn da noch zu Hause liegen?«) gilt das selbstverständlich nicht – grundsätzlich sagt aber die Angabe einer älteren Jahreszahl nur eines aus: Dieser

Stoff hat jahrelang in einer Schublade gelegen, weil ihn niemand wollte – oder er ist jahrelang herumgeschickt und abgelehnt worden, weil ihn niemand wollte. Letzteres ist umso schlimmer: Denn dann kennt ihn die ganze Branche. Bei Filmstoffen ist es anders als beim Wein: Sie werden nicht dadurch besser, dass sie lange lagern.

Anscheinend so nebensächliche Tatsachen, dass sie häufig vergessen werden, sind ein fehlerfreies Deutsch und eine korrekte Rechtschreibung.[4] Es sollte sich von selbst verstehen, dass das Exposee zum Schluss noch einmal Korrektur gelesen wird, doch anscheinend ist das nicht immer der Fall. Aus verschiedenen Gründen wird ein schon formal fehlerbesetztes Exposee negativ aufgefasst. Einerseits, weil der Leseprozess gestört wird (doch dazu später mehr), andererseits, weil dies auf den Autor zurückfällt. Die Tatsache, dass Sie sich nicht die Mühe gemacht haben, den Text noch einmal gegenzulesen, spricht nicht gerade für eine solide und sorgfältige Arbeitsweise. Wenn ein Schreiner schon vorab die Schublade für den bestellten Schrank liefert und vergessen hat, bestimmte Ecken zu lackieren, sieht man dem ganzen Schrank wohl auch skeptisch entgegen. Es hilft nicht sich damit herauszureden, dass einige der größten (Roman-)Autoren Schwierigkeiten mit der Rechtschreibung hatten. Der Eindruck, der haften bleibt, ist nun einfach kein positiver. Wenn Sie die Drehbücher für dreißig Blockbuster geschrieben haben, können Sie meinetwegen so viele Fehler machen, wie Sie wollen. Vorher nicht.

Hinzu kommt, dass die Überarbeitung des Exposees auch dem Autor deutliche Vorteile bringt. Hier können Sie Schwachstellen ausbessern und unglückliche Formulierungen ausmerzen, die im ersten Moment vielleicht noch überzeugend, aber im Gesamtzusammenhang schlecht klingen. Der Text wird gestrafft und abgerundet, überflüssige Wörter und Details weggelassen. Gleiches gilt natürlich auch für inhaltliche Schwächen – ob Sie wirklich fesselnd erzählt haben, erfahren Sie erst bei der wiederholten Lektüre.

Das Format des Exposees erlaubt eine größere Vielfalt von Formatierungen als das Drehbuch, allerdings ist ein klares und strukturiertes Schriftbild definitiv von Vorteil. Sie sollten lieber weite Abstände zwischen den Buchstaben nutzen und auch die Zeilen sollten angenehm auseinander liegen. Drehbücher werden oft in Courier New, 12 Punkt, aber auch in Times New Roman oder Arial geschrieben. Diese Schriftarten kann man natürlich auch im Exposee benutzen. Hauptsache, das Exposee ist gut lesbar (*Monotype Corsiva ist nicht* gut lesbar!).

---

4 »They don't spell check or proof. I often question whether English is their first language. They submit screenplays as thick as phone books or thin as a list of intelligent actors. Some arrive bound in steel rings as though to protect them from theft, or with pages stapled together like a term paper. They're dirty, covered in coffee and tea stains (I hope) and have ›First Draft 1995‹ proudly etched on the cover page.« Suppa, Ron: Why is Your Script Special? In: Creative Screenwriting, November / December 2003, S. 34.

Einzig darüber hinausgehende Regel für das Schriftbild: Die Namen der Figuren werden beim ersten Mal GROSS geschrieben, notfalls **fett**. So zieht der Name sofort die nötige Aufmerksamkeit auf sich und ist auch schnell wiederzufinden. Gerade bei Stoffen, die mit vielen Figuren arbeiten, kann es sein, dass der Leser – bei aller Professionalität – kurz den Überblick verliert und sich fragt, wer denn diese Nebenfigur ist, die nur anfangs in einer Nebenzeile erwähnt wurde. Vor allem jedoch kann der Leser anhand der Großschreibung sofort erkennen, wann eine Figur eingeführt wird. Es versteht sich von selbst, dass der Täter beim Krimi im ersten Drittel der Geschichte als potenziell Verdächtiger oder gänzlich Unverdächtiger eingeführt werden muss und nicht erst am Ende, im vorletzten Satz. Das käme einem (wenngleich verdrehten) *deus ex machina* gleich und ist Betrug am Leser.

Figuren besitzen meist Vor- und Nachnamen, obwohl sie in Filmen oft nur mit einem Namen geführt werden. Wenn Sie die Figur im Exposee vorstellen, können Sie sich nach der ersten vollständigen Nennung für Vor- oder Nachnamen entscheiden. Wichtig ist jedoch, dass diese Entscheidung konsequent durchgehalten wird. Sie würden den Leser andernfalls verwirren.

Bitte vermeiden Sie Angaben zu Marketing und Platzierung des Stoffes. Genauso wie der Regisseur oft empfindlich auf Angaben zu Kameraeinstellungen im Drehbuch reagiert, dürften auch Senderverantwortliche oder Produktionsfirmen wenig begeistert von derartigen Vorschlägen sein. Aus demselben Grund: Der Autor überschreitet seine Kompetenzen. Es ist nämlich Sache des Regisseurs und des Kameramanns, die bestmögliche Auflösung für eine Szene zu finden. Und genauso ist es Aufgabe der Marketingabteilungen, ein entsprechendes Konzept für die Präsentation des fertigen Films zu liefern. Darüber hinaus zeigt sich, dass die Vorschläge für Marketing oft ziemlich realitätsfern sind und kaum mit der Marktwirklichkeit in Einklang stehen.

Zu der Länge eines Exposees gibt es genauso widersprüchliche Angaben wie zu der eines Treatments. Gilt für Drehbücher noch die Formel: 1 Seite = 1 Minute Film, die in ihrer deutlichsten Formulierung schon fast einer physikalischen Formel ähnelt,[5] so gibt es solche Vorgaben für ein Exposee nicht. In diesem narrativen Text ist man relativ frei, was die Gestaltung und Länge betrifft. So kommt es aber auch immer wieder zu Unstimmigkeiten, wenn es um die Abgrenzung von Exposee und Treatment geht.

In der Praxis hat sich in Deutschland für das Treatment eine durchschnittliche Länge von zehn bis 15 Seiten und für das Exposee eine durchschnittliche Länge von vier bis sechs Seiten durchgesetzt. Diese Angaben sind sozusagen der Durchschnitt und damit eine akzeptable Größe, nach der man sich richten sollte. Wenn

---

5	»a script page =	Reading time =	Projection time =	Fictional time
	eleven inches	Approx 25 sec.	one minute	Variable«Boyle

in: Cole / Haag: Standard Script Formats. Part 1. 1995, S. v.

Sie ein 15 Seiten langes »Exposee« schreiben, werden Sie Ihren Leser unweigerlich verlieren. Einerseits, weil er eventuell das Interesse verliert – schließlich ist er angetreten, um einen kurzen Text zu lesen – und andererseits, weil es nicht von Professionalität zeugt, wenn Sie ein Exposee mit dieser Länge anliefern. Es sprengt die Konventionen. Die einzige Ausnahme für ein so langes Exposee dürfte ein 2×90-minütiger Eventstoff sein – diesen kann man auf 15 Seiten ausbreiten. Dazu später mehr.

Das, was in der Länge unter den vier bis sechs Seiten des Exposees liegt, würde man eher gar nicht oder höchstens als sogenanntes *Pitch-Papier* anbieten. Es fällt einfach schwer, einen Stoff adäquat unter vier Seiten darzustellen. Adäquat heißt hier: Der Leser soll sich einen Begriff von den Figuren und der Geschichte machen können und er soll den »Ton« verstehen, wie der Plot erzählt werden soll. Wenn Sie meinen, Sie können dies auf drei Seiten schaffen, bitte. Aber vergessen Sie nicht, dass der Leser dieses Ihrem Text auch entnehmen können muss.

Syd Field sieht das Exposee allein als Möglichkeit für den Autor, die »Geschichte im Überblick und mit einer Klarheit zu sehen«[6], die man im weiteren Verlauf der Stoffentwicklung nicht mehr haben wird. Wir werden im Weiteren darauf zurückkommen, weil Field – bei aller Formalität und Rigidität seiner Einteilungen – eine nicht ganz uninteressante Methode für den Aufbau eines Exposees bietet.

Warum all diese detaillierten Angaben zur Präsentation des Exposees? Weil es das Verkaufsargument für Ihre Geschichte ist! Was Ihr Verkaufsargument aber nun genau enthalten muss, was Sie erzählen müssen und was Sie besser verschweigen sollten, werden wir im Folgenden sehen.

5.3 Die Figuren im Exposee

Was ist das Wichtigste einer Geschichte? Ist es die Figur oder ist es die Handlung? Diese Frage ist uralt, schon Aristoteles hat sich damit beschäftigt. Vergleichbar ist sie mit der noch älteren Frage, ob das Huhn oder das Ei zuerst da war (laut Genesis 1, 20-22 war es übrigens das Huhn).

Figur und Plot sind letztlich aber nicht zu trennen. Ein Plot ohne überzeugende Figuren bleibt eine leere Hülle, die nicht mit Leben gefüllt wird und an der niemand lange Interesse hat. Interessante Figuren, denen eine überzeugende Geschichte fehlt, sind genauso langweilig zu betrachten.

Vielleicht liegt im »Betrachten« der Schlüssel? Eine Betrachtung setzt schließlich einen Standpunkt voraus, der eine gewisse Distanz zu dem Beobachteten aufweist – dies stellt sich als ein großes Problem beim Exposee heraus. Der Leser ist von dem Objekt entfernt und beobachtet es aus der Ferne. Allerdings ist er durch

---

6   Field, Syd: Handbuch. 1996, S. 55. Field nennt es Treatment, aber im Sinne der üblichen
     (deutschen) Definition müsste es als Exposee bezeichnet werden, da es nur vier Seiten lang ist.

diese Distanz weniger emotional an das Geschehen gebunden. Der Abstand führt schnell dazu, das Geschehen nur noch nach logischen Gesichtspunkten zu analysieren und schließlich nur mit dem Verstand zu betrachten. Genau das möchte der Film, auf den das Exposee letztlich abzielt, vermeiden. Denn hier geht es um ein Verschmelzen, um Identifikation mit dem, was auf der Leinwand vor sich geht. Sobald – überspitzt gesagt – der Zuschauer seinen Kopf einschaltet, ist er für den Film verloren. Dann fallen ihm vielleicht die holprigen Dialoge oder das gestelzte Spiel der Schauspieler auf, wird ihm vielleicht bewusst, dass er einem künstlichen Produkt beiwohnt. Vielleicht schaut er auf die Uhr, mustert seine Sitznachbarn, ärgert sich über den unbequemen Sitz und beginnt über den tropfenden Wasserhahn zu Hause, über die Probleme mit dem Partner und über den Stress im Büro nachzudenken. Doch gerade deswegen ist er nicht ins Kino gegangen. Denn er hat zehn Euro bezahlt, um zwei Stunden lang die Realität zu vergessen, um sich Ablenkung zu schaffen und eine Zeit lang in einer Parallelwelt zu leben, in der Gefühle mächtig und groß, Frauen schön und Männer sexy und das Leben spannend und aufregend ist.

Wohlgemerkt: Ein kleiner Teil der Zuschauer möchte sich nicht unbedingt im Kino »verlieren«, sondern amüsiert sich auf andere Art und Weise. Diese Zuschauer genießen es, sich intensiv mit dem Film auseinanderzusetzen, strengen Kopf und Intellekt an, fachsimpeln über die Regie oder den Schnitt und analysieren die Dramaturgie des zweiten Akts oder das Thema des Films. Doch der größte Teil der Zuschauer, die breite Masse, die hoffentlich Millionen in die Kassen der Produzenten schaufelt, hat eine andere Vorstellung vom Kinobesuch. Das Fernseherlebnis ist – mit Abstrichen – vergleichbar. Diesen Zuschauern geht es um die perfekte Illusion und die Bindung an Figuren, die sie Woche für Woche wiedertreffen.

Um diese Illusion zu schaffen, muss der Zuschauer den Figuren im Film ein gewisses Mitgefühl entgegenbringen. Nicht unbedingt Sympathie, aber auf jeden Fall muss er Empathie empfinden. Nur dann kann er sich mit der Figur identifizieren. Und erst wenn diese Identifikation zu einem Teil gelungen ist, kann er die Wünsche der Figur nachvollziehen und möchte schließlich auch, dass die Figur ihre Ziele erreicht. Durch diese Nachahmung (mit Aristoteles *Mimesis*) kann der Zuschauer am Ende seine *Karthasis* erreichen – die Reinigung von Furcht und Mitleid durch die Vergegenwärtigung der ebenfalls Furcht und Mitleid erregenden Handlung auf der Leinwand. Um dieses zu sehen, bleibt er im Kinosessel sitzen oder lässt den Kanal eingeschaltet.

Die oben gestellte Frage nach der Wertigkeit von Figur und Handlung lässt sich auf das Exposee bezogen nun folgendermaßen beantworten: Da es nicht möglich ist, dass sich der Leser mit Ihren Figuren in der gleichen Art und Weise identifiziert, wie er es beim Filmgenuss tut, steht im Exposee die Handlung tendeziell über den Figuren. Sie müssen Ihren Leser zunächst mit der besonderen Tragik,

Spannung oder unglaublichen Erlebnissen fesseln, da Sie hier keine derartig starke Bindung erzeugen können. Aber nichtsdestotrotz müssen Sie hier den Grundstein für den Film legen – was bedeutet, dass die Figur Dreh- und Angelpunkt des Ganzen sein muss.

Ein durchschnittlicher Mainstreamfilm hat eine Hauptfigur. Diese wird zum einen dadurch charakterisiert, dass die Geschichte durch ihre Augen gesehen wird. Wir Zuschauer sind in den relevanten Momenten an ihrer Seite. Der *Point of View*, von dem aus wir die Geschichte sehen, bestimmt also unsere Rezeption der Geschichte.

Zum anderen wird die Hauptfigur auch dadurch charakterisiert, dass der Film nicht nur die Geschichte aus ihrer Sicht beschreibt, sondern auch ihre Geschichte erzählt. Diese Geschichte besteht darin, dass die Hauptfigur ein Ziel hat, das sie erreichen möchte. Das Ziel ist schwierig, aber möglich zu erreichen. Es definiert darüber hinaus auch die Fallhöhe des Protagonisten. Im Exposee und auch im Treatment ist es wichtig, dass die Motivation der Figur, ihr Ziel zu erreichen, verständlich wird. Im Drehbuch »versteckt« sich die Motivation vielleicht hinter Worten und Szenen. Es ist sogar zu vermuten, dass es durchaus unelegant wirkt, wenn die Motivation deutlich ausgesprochen wird.

Im Exposee aber muss die Motivation deutlich zutage treten. Schließlich wird hier nur das reine Story-Gerüst geboten. Jeder Leser muss den Antrieb der Figur sofort definieren können. Es muss ganz klar werden, aus welchen Gründen der Protagonist sein Ziel verfolgt und wie dieses beschaffen ist. Es kann Nebenziele geben auf dem Weg dahin, grundsätzlich aber sollte deren Zahl eher gering sein – der Zuschauer könnte sich verzetteln.

Dem Ziel steht der Antagonist gegenüber, der mit allen Mitteln versucht zu verhindern, dass der Protagonist sein Ziel erreicht. Die überzeugenden Wirkungen von Protagonist und Antagonist hängen eng zusammen. Beide sind zwei Seiten eines Spiegels und nur so gut wie ihr Gegenüber. Ein schwacher Antagonist wird in den Augen des Publikums einen nicht ganz so überzeugenden Protagonisten erzeugen. Denn nur wenn die Bedrohung und der Einsatz des Protagonisten groß genug sind, stellt sich die entsprechende Bindung beim Publikum ein.

Leider bietet das Exposee kaum die Möglichkeit, einen faszinierenden Antagonisten zu etablieren, einen Großteil des Raums muss man dem Protagonisten einräumen. Oftmals bleibt der Antagonist ein Stereotyp, ein bloßer Funktionsträger. Erst im Treatment kann man ihm mehr »Fleisch« geben. Letztlich wird der Antagonist aber erst im Drehbuch eine mehrdimensionale und damit – hoffentlich – faszinierende Figur werden. Und das sollte er auch sein, auch wenn seine Rolle so oft unterschätzt wird. Schließlich kann man folgendermaßen argumentieren: Es ist nicht der Protagonist, sondern der Antagonist, der den Film antreibt. Ist es nicht immer der Mord, der die Handlung erst auslöst? Zumindest in Crime- und Actionformaten ist der »Böse« dem Helden immer voraus, er bringt ihn sogar erst ins Spiel, denn ohne Leiche würde der Detektiv nicht ermitteln.

Wenn Sie solche klassischen Genres schreiben, achten Sie darauf, dass Sie auch im Detail den Nerv der Zeit treffen: Die antagonistische Kraft – wie so vieles im Film – hängt deutlich vom Zeitgeist ab. Ganz plakative Beispiele sind die *James Bond*-Filme. Früher waren es Russen, dann südamerikanische Drogenhändler, dann waren es Koreaner, mit denen sich Connery, Moore und Dalton auseinandersetzen mussten. Und im Remake des *Manchurian Kandidat* ist es nicht mehr eine kommunistische Verschwörung wie im Original, sondern ein global agierendes Firmenkonsortium.

Bei Geschichten, die nicht auf einem klassischen Antagonistenkonflikt beruhen, kann das Exposee Vor- und Nachteile haben. Während Konstruktionen wie bei der klassischen Romantic Comedy durchaus überzeugend zu erzählen sind,[7] werden Konflikte, die zwischen Protagonist und einer Gruppe bestehen (z.b. bei *Dogville)* nicht immer überzeugend zu schildern sein. Zumindest werden die Gruppenmitglieder unweigerlich zu *Typen*, die kaum ein eigenes Profil entwickeln können, was man Ihnen zum Vorwurf machen könnte. Doch schließlich ist für die Schilderung von vielen Figuren noch weniger Raum im Exposee. Daher geraten z.b. Gangstergruppen oft in Klischees: Ihre Mitglieder werden nur als »der brutale Schläger« und als »der windige Fiesling« dargestellt. Damit teilen sie das Schicksal der meisten Nebenfiguren.

Generell sind an einer Geschichte viele Personen beteiligt – es sei denn, es handelt sich um ein Kammerspiel, das sich auf zwei oder drei Charaktere konzentriert. Im Exposee hat man aber nur beschränkten Raum, um die Geschichte zu erzählen. Deswegen müssen Sie sich hier auf den Mainplot konzentrieren und damit auch auf die Hauptfiguren. Nebenfiguren dürfen hier nur dann stattfinden, wenn sie entscheidend zum Mainplot beitragen. Nur wenn sie z.B. dem Protagonisten den entscheidenden Hinweis geben, wenn ihr Schicksal mit der Haupthandlung verknüpft ist, sollte man sie im Exposee aufführen. Zwar ist ihr Schicksal auch als Mordopfer deutlich mit dem Hauptplot verbunden – doch eine ausführliche Beschreibung der Nebenfigur erübrigt sich dann trotzdem. Eine Möglichkeit, Nebenfiguren im Hintergrund zu halten, ist es, ihnen im Exposee noch keinen Namen zu geben, sondern sie nur mit ihrer Funktion zu führen, also »Der ANWALT...«.

In kaum einer anderen Schriftform tritt die Funktion der Figur so in den Vordergrund wie beim Exposee. Hier sind die Figuren fast reine Funktionsträger, »Fleisch« bekommen sie erst später. Die Rolle des Protagonisten im klassischen

---

7   Hier wird auch deutlich, dass das Exposee auch genreabhängig ist: Bei Romantic Comedies z.B. sind die Figuren sehr wichtig; sie müssen charmant und witzig sein. Der Plot und die Struktur sind hier ja vorgegeben bzw. bekannt – und damit im Grunde langweilig: Die Hauptfiguren kriegen sich am Ende. Bei Crime- und Actionstoffen steht dagegen der Plot im Vordergrund, die Story muss funktionieren und die Figuren sind eher Funktionsträger!

Sinne als desjenigen, der die Handlung vorantreibt, muss unbedingt deutlich werden. Der Antagonist muss in seinem Bestreben, dem Protagonisten entgegenzuwirken, genauso klar werden. Die vielen anderen Funktionen, die Figuren erfüllen können, z.b. eine thematische oder kontrastierende Funktion, sind im Exposee kaum darstellbar. Auch eine *komische Figur* (wie z.b. Spike, der schräge Mitbewohner von Hugh Grant in *Notting Hill*) wird im Exposee nie so überzeugend und plastisch sein. Man könnte überlegen, sie hier entweder ganz wegzulassen oder sie sehr stark in die Geschichte einzubinden. *Katalysator-Figuren* (wie z.b. der achtjährige Sam in *Der einzige Zeuge*) dagegen, die die Handlung auslösen oder dem Protagonisten zur Hilfe kommen, oder auch *Verbündete* (z.b. Sam, Meriadoc und Peregrin, die Hobbit-Freunde von Frodo in der *Herr der Ringe*-Trilogie), die mit ihm in einer engen Beziehung stehen, sind sicherlich gut im Exposee zu platzieren (vgl. dazu Kapitel 6.3).

Stoffe, die nicht nur einen Protagonisten haben, sind mit unterschiedlichem Erfolg im Exposee behandelbar. Buddy Movies mit einem Protagonistengespann sind prinzipiell gut zu erzählen. Gerade die Unterschiede zwischen den beiden Figuren können im Exposee genau auf den Punkt gebracht werden. Multiprotagonistische Strukturen sind jedoch extrem schwer im Exposee darzustellen. Schließlich werden hier mehrere Geschichten erzählt, und wenn man versucht, diese in der gebotenen Länge eines Exposees darzustellen, geraten sie unweigerlich zu kurzen Momentaufnahmen oder Anekdötchen, deren Sinn, Form und Schönheit vielleicht gar nicht zu erfassen sind. Hinzu kommt, dass sich episodische Filme oft über ein zusammenhängendes Thema definieren. Und auch dieses ist besser in längeren Schriftformen darzustellen. Wenn Sie einen multiprotagonistischen Stoff erzählen und anbieten wollen, sollten Sie eher ein Treatment schreiben – natürlich nur, wenn Sie dies vorher mit Ihrem Auftraggeber abgesprochen haben.

Wie führt man die Figur im Exposee ein? Sie nur über den Namen zu definieren, reicht nicht aus. Die Figur muss stattdessen mit einigen wenigen Adjektiven möglichst genau beschrieben werden. Dafür benötigt man exakt treffende Formulierungen, die die Grundzüge des Charakters auf den Punkt bringen. Zu detailliert sollte man nicht werden. Die Augen- oder Haarfarbe ist beispielsweise nicht bedeutend. »Durchtrainiert« oder »dicklich« ist dagegen wichtiger – sofern diese Eigenschaften der Figur im weiteren Verlauf wichtig werden, sei es, weil es sich um einen Actionstoff handelt, in dem der Held zahlreiche Gegner mit seiner ausgefeilten Kung Fu-Technik besiegt, oder weil gerade dieser rundliche Charakter zwei Stunden lang von einer brenzligen Situation in die nächste gerät und schweißtreibend durch die Gegend gehetzt wird.

Adjektive wie »gutaussehend« lassen dem Leser Platz für eigene Interpretationen – und jeder hat eine andere Vorstellung von einem Schönheitsideal. Auf diese Weise wird der Leser in die Geschichte stärker involviert – eine ähnliche Technik, wie sie auch das *Planting-* und *Payoff-*Verfahren bietet. Hier wird anfangs eine Information »gesät« und später in einem anderen Kontext »geerntet«, so dass der Leser/Zuschauer durch seine intellektuelle Leistung – er verknüpft beide Informationen miteinander – stärker in die Erzählung involviert ist (vgl. Kapitel 6.4). Allerdings ist auch zu fragen, ob die Beschreibung »gutaussehend« tatsächlich relevant für Ihre Geschichte ist. Sollten Sie die Geschichte eines charmanten Herzensbrechers erzählen, dann ist diese Figureneigenschaft wahrscheinlich vorausgesetzt oder sie ergibt sich im Verlauf der Geschichte. Sollten Sie – um einmal zu übertreiben – eine Einsiedlergeschichte à la *Cast away* erzählen, wäre diese Information völlig nutzlos.

Auch die Altersangabe bietet eine schnelle Möglichkeit zur Charakterisierung, gerade wenn man mit Diskrepanzen spielt: Unter einer »altklugen Zehnjährigen« oder einer »kindlichen Enddreißigerin« kann sich der Leser gleich etwas vorstellen.

Insgesamt sollte man die äußerliche Beschreibung der Figuren minimieren und sich auf innere Eigenschaften konzentrieren. Auch die Backstory der Figur hat in einem Exposee keinen Platz – es sei denn natürlich, sie bildet einen zentralen Punkt der Geschichte (z.B. eine frühere Vergewaltigung ist der Grund für die Beziehungsunfähigkeit der Figur). Die Hauptfigur muss mit wenigen treffenden Strichen entworfen werden, am besten direkt zu Anfang des Textes; die anderen Figuren in dem Moment, in dem sie eingeführt werden. Die Ausführlichkeit ihrer Beschreibung sollte aber analog zu ihrer Bedeutung für die Geschichte sein, also detailliert bis rudimentär.

In dem kurzen Exposeetext (und ebenso im Treatment) kann, wie in jedem literarischen Text, großer Nutzen aus der Namensvergabe gezogen werden. Denn wie in allen literarischen Gattungen entnimmt der Leser seine Informationen aus dem Wort, sein Zugang zu einer Figur geschieht also über einen anderen Kanal als im Film. Deswegen ist es gerade hier wichtig, die Funktion von Namen als Bedeutungsträger auszunutzen.

Ein Name charakterisiert immer auch seinen Träger. Gerade deshalb sollte die Auswahl der geeigneten Figurennamen sehr sorgfältig geschehen. Im Film spielt der Name einer Figur vielleicht eine etwas kleinere Rolle. Hier ist er ein Teil des Ganzen, das sich aus Aussehen, Haltung, Handlung und Sprache der Figur zusammensetzt. Oft werden die Figurennamen auf der Leinwand gar nicht vollständig ausgesprochen, es genügt – je nach Geschichte oder Genre – oft nur der Vorname. In diesem Kontext sollten Sie allerdings auch beachten, dass mit der Verwendung von Vor- oder Nachnamen auch der Zugang des Zuschauers beeinflusst wird. Ein Nachname distanziert eher, ein Vorname wirkt unmittelbarer. Werden Namen im Zusammenhang mit Berufsbezeichnungen oder Funktionen gebraucht, wie z.B. in Militärfilmen, wird die Distanz ungleich größer und das Formelhafte gewahrt. Beispiele wie Major Cain (*Resident Evil*) sind dann vielleicht doch *sehr* plakativ, passen aber wiederum auch zum Genre, bzw. zu dem intendierten Publikum.

Namen müssen zu ihren Figuren passen. Auch der Klang kann zu dem Bild, das sich der Leser macht, beitragen; Gleiches gilt für den Rhythmus.

»Sprechende Namen« können, falls sie nicht geschickt gewählt sind, artifiziell wirken. Dem Leser erscheint diese bewusste Symbolik vielleicht aufdringlich. Dadurch wird der Leser sich der Rolle des Autors wieder bewusst und distanziert sich von dem Text, er wird aus der Geschichte herausgerissen. Den passenden Namen zu finden ist immens schwierig und es lassen sich kaum Regeln dafür aufstellen. Der Autor braucht ein Fingerspitzengefühl, das sich kaum vermitteln lässt.

Ein Name spiegelt eine soziale Herkunft wider, er kann auch auf das Gebiet der Herkunft verweisen, wenn der Name regional geprägt ist. Er gibt die Einstellung der Eltern wieder (*River Phoenix*) und manifestiert gleichzeitig oft auch eine bestimmte Zeit – denn auch Namen unterliegen dem Zeitgeist. Rocky Balboa (*Rocky*), Lester Burnham (*American Beauty*), Hans-Jörg (*Agnes und seine Brüder*), … welche Assoziationen rufen Sie bei Ihnen hervor? Wenn Sie nun versuchen würden, die Namen untereinander zu tauschen, würden Sie feststellen, das ein *Hans-Jörg* im Ring gegen *Apollo Creed* ziemlich deplatziert wäre. Namen sind nicht austauschbar. Sie definieren eine Figur mehr als wir uns eigentlich bewusst sind.

Nach der Lektüre des Exposees sollte sich der Leser folgende Fragen beantworten können: Ist der Protagonist klar definiert? Ist er eine starke, aktive Figur? Wie ist sein Identifikationspotenzial? Wird seine Motivation deutlich? Was ist sein Ziel? Wie verläuft seine Entwicklung? Und nicht zuletzt muss klar werden, von welchem Point of View (POV) die Geschichte erzählt wird. Denn stellenweise kommt es vor, dass dies am Ende der Lektüre nicht deutlich ist.

5.4 Der Aufbau des Exposees

Im Wesentlichen unterscheidet sich die Struktur eines Exposees nicht von der des fertigen Films. Ein Exposee erzählt die Geschichte des Films, allerdings auf vier bis sechs Seiten. Wenn Sie also Ihren Stoff »planen«, setzen Sie hier im Exposee zum ersten Mal die Eckpunkte der Geschichte fest, Sie bereiten die Basis für alles, was später kommt. Mehr oder weniger bewusst beginnen Sie also, Ihren Stoff zu *plotten* und bedienen sich dabei jener Auswahltechnik, nach der die Erzähltheorie *Fabel* und *Sujet* unterscheidet.

> Das Leben erzählt keine Geschichten. Das Leben ist chaotisch, fließend, willkürlich; es lässt unzählige Fragen unbeantwortet. Nur durch strikte, radikale Auswahl können Schriftsteller dem Leben eine Geschichte abringen, was zwangsläufig einer Verfälschung gleichkommt. Wer Geschichten erzählt, erzählt in Wirklichkeit Lügen. (B.S. Johnson.)

Mit der *Fabel* ist die Geschichte des Films gemeint, die kausalchronologisch durch die Abfolge der Ereignisse gegeben ist. Das *Sujet*, oder in der Terminologie des

Drehbuchs der *Plot* ist die Abfolge der Ereignisse in der Anordnung, wie sie im Film vorkommen. Denn schließlich ist eine Filmerzählung immer nur eine Auswahl von bestimmten Momenten. Es wird z.b. nie erzählt, wie die Hauptfigur stundenlang einen Parkplatz sucht, wie sie mit ihrer Mutter telefoniert oder was sie zu Abend isst (außer es gehört zwingend zu der Geschichte und hat eine bestimmte Funktion, dazu aber später). All diese Nebensächlichkeiten behindern den Fluss der Geschichte und da Film ein ökonomisches Medium ist, das eine Geschichte in einer möglichst unterhaltsamen Art und Weise darbieten möchte und muss, wird auf Nebensächlichkeiten verzichtet und versucht, durch die Auswahl bestimmter Elemente die Erzählung spannend zu machen. »Spannend« bedeutet hier nicht die mitfühlende Angst des Zuschauers im Thriller, sondern allein die Neugier auf den Fortgang der Geschichte. Der Drehbuchautor *plottet* eine Geschichte, das heißt, er wählt bestimmte Momente der Geschichte aus und fügt sie so zusammen, dass sie beim Zuschauer Neugier, Spannung, Angst und Vergnügen wecken. Die erste Möglichkeit, eine Auswahl der Informationen zu treffen, ist im Exposee gegeben, später werden diese im Treatment erweitert und gleichzeitig verdichtet.

Die Art, wie wir uns Geschichten erzählen, wie wir also bestimmte Momente auswählen und platzieren, ist im Wesentlichen seit Jahrhunderten gleich geblieben. Natürlich gibt es regionale, kulturelle und mediale Unterschiede, aber an einem bestimmten Grundmuster scheint niemand vorbeizukommen. Denn fast jede Geschichte lässt sich in drei Elemente einteilen: zuerst eine Art Einführungsteil, der die Rahmenbedingungen für die Geschichte absteckt und dem Leser/Zuschauer eine erste Orientierung verschafft. Danach folgt ein Teil, der im Wesentlichen den Verlauf eines zentralen Konfliktes beschreibt und daraufhin folgt eine Auflösung bzw. zumindest ein Höhepunkt, in dem der zentrale Konflikt gipfelt. Zumeist wird die Geschichte hier abgeschlossen.

Dieses Muster ist auf die meisten Geschichten übertragbar, egal, ob sie nun endlos gewunden, episodisch breit, von hinten nach vorne oder in Form eines Kurzfilms erzählt werden. In der Drehbuchtheorie werden diese drei Teile in Akte geordnet, die Exposition, Konfrontation und Auflösung heißen (oder mit Variationen auch anders, je nachdem welchen Drehbuchlehrer man fragt). Jeder dieser Akte hat eine bestimmte Aufgabe und selbstverständlich müssen auch alle diese Akte im Exposee zu finden sein.

In der Exposition wird die Grundsituation vorgestellt, es wird die Welt der Geschichte entworfen, also festgelegt, ob in dieser Welt die Tiere sprechen können oder ob die Geschichte im Adels- oder Bahnhofsmilieu spielt. Die Hauptfiguren werden vorgestellt und ihr normaler Tagesablauf zumindest angerissen. Hier wird ein bestimmtes Ziel formuliert, das im Gegensatz zu der jetzigen Situation steht: Der Hauptfigur, also dem Protagonisten, fehlt etwas, was sie erreichen *muss*. Diesem Ziel steht eine Kraft entgegen, die genau dies verhindern will. Es gibt diverse Konfliktkonstruktionen. Diese antagonistische Kraft kann eine einzelne Figur sein oder eine Gruppe, sie kann eine innere Einstellung oder eine nicht humane Kraft sein (also z.B. ein Erdbeben oder ein Bär). Wichtig ist, dass der Grundkonflikt im Exposee klar wird, dass der Leser ihn verstehen und nachvollziehen kann und dass etwas Wichtiges auf dem Spiel steht. Der Konflikt muss dynamisch sein, er muss sich steigern und er muss eine Auflösung am Ende erfahren, die nicht von außen kommt, sondern durch die Konfliktparteien verursacht wird. Am Ende des ersten Aktes wird der zentrale Konflikt etabliert: Nur einer von beiden, der Protagonist oder der Antagonist kann am Ende den »Schatz«, was immer es auch sein mag, besitzen.

Die Wege zu dem Schatz werden im zweiten Akt dargestellt. Dieser ist ungefähr doppelt so lang wie der erste und der dritte Akt. Hier stellen sich dem Helden Hindernisse in den Weg. Er muss seine Richtung immer wieder ändern, es gibt Rückschläge und kleine Erfolge, aber noch keine Lösung. Diese erfolgt im dritten Akt, wenn sich Protagonist und Antagonist zu einem finalen Kampf gegenüberstehen. Hier wird ein für allemal (es sei denn, man spekuliert schon auf einen Fortsetzungsfilm) festgestellt, dass der Protagonist gewinnt und der Antagonist geschlagen ist – oder anders herum. Der normale Hollywoodfilm oder auch ein deutsches TV-Movie hat in der Regel ein abgeschlossenes Ende, in dem alle offenen Fragen beantwortet werden. Natürlich sind auch andere Möglichkeiten denkbar, doch ein abgeschlossenes Ende hat eine bestimmte Wirkung: Der Zuschauer erfährt eine sofortige Befriedigung. Die Erzählung ist beendet, es gibt keine offenen Fragen, die er später mit sich herumträgt und über die er grübeln muss. Während Kunstfilme gerade auf eine weitere Auseinandersetzung mit dem Film spekulieren und oft absichtlich Fragen unbeantwortet lassen, nutzen Mainstreamfilme diese Möglichkeit kaum. Ihnen geht es um die Befriedigung einer breiten Masse und diese möchte den Film vielleicht eher zur Unterhaltung und Ablenkung nutzen, anstatt sich damit später noch intellektuell auseinanderzusetzen.

Hier ein kurzer Zwischenruf: Unser Thema macht es nötig, dass man in bestimmten Momenten generalisiert. Natürlich gibt es immer Abweichungen. Es gibt Filme, die nicht einen, sondern 20 Protagonisten haben und nicht drei, sondern zwölf Akte, Mainstreamfilme, die kein klassisches Happy End haben und Kunstfilme, die in sich abgeschlossen und endlich sind. All diese Abweichungen sind wichtig und gut, aber in Anbetracht des Raumes, der uns hier zur Verfügung steht, natürlich unmöglich in ihrer Gänze zu behandeln. Und natürlich gibt es Zuschauer von Blockbustern, die sich gerne intensiver mit dem Film auseinandersetzen würden und andere Kommentare als »Boa, geil, ey!« zuzusteuern hätten, aber auch hier muss man übergeneralisieren – selbst wenn es dem einen oder anderen überheblich oder ungenau erscheinen mag.

Die oben angesprochene Abgeschlossenheit der Geschichte ist nicht unbedingt notwendiges, aber zumindest relevantes Merkmal, was den Erfolg des Stoffes angeht. Denn schließlich ist das Exposee ein Verkaufsargument und hier muss sich schon abzeichnen, worauf Sie hinaus wollen. Falls Sie Ihren Stoff einem kommerziellen Fernsehsender anbieten möchten, sollten Sie darauf achten, dass die Geschichte auch in dessen Programmportfolio passt. Dazu gehört auch, dass der Stoff ein möglichst breites Publikum anspricht und daher bestimmten Merkmalen folgen muss (vgl. Kapitel 3). In dieser Hinsicht sind die amerikanischen Drehbuchratgeber, die sich mit der Dramaturgie des populären Hollywoodkinos beschäftigen, ein manchmal recht guter Ratgeber.

Zurück zu der Struktur: Film- und Theaterdramaturgie sind in vielen Punkten durchaus vergleichbar. Die einzelnen Akte grenzen sich im Theater jedoch deutlich durch den Vorhang voneinander ab – im Film und Fernsehen gibt es einen derartigen Einschnitt nicht. Hier werden die Akte durch zwei Dinge unterschieden. Zum einen durch den inhaltlichen Zusammenhang, der oben schon beschrieben wurde, zum anderen durch bestimmte Wendepunkte.

Betrachtet man den Plot eines Stoffes als durchgehende Linie, so würde die Geschichte völlig spannungslos sein, wenn sie von Anfang bis Ende geradeaus verlaufen würde. Denn von Anfang an wäre klar, wie sie enden wird. Um das Interesse des Publikums wach zu halten bzw. überhaupt zu wecken, müssen dem Protagonisten Hindernisse in den Weg gelegt werden, die es zu überwinden gilt. Wichtiger als diese kleinen Hindernisse sind aber bestimmte Wendepunkte, die den Verlauf des Plots in eine völlig andere Richtung lenken. Sie überraschen Protagonist und Zuschauer und setzen durch die gänzlich veränderte Situation ein neues Erkenntnisinteresse in Gang.

Es gibt mehrere Wendepunkte in einem Plot, aber zwei *Turning Points* oder *Plot Points* sind an besonders prägnanten Stellen situiert. Der Wendepunkt am Ende des ersten Aktes dreht die Geschichte in eine gänzlich neue Richtung. Das ist der Moment, an dem der Protagonist sich endlich entschließt oder gezwungen wird, den Kampf aufzunehmen, der Moment also, bevor er in die Konfrontation (also in den zweiten Akt) eintritt.

Der zweite wichtige Wendepunkt liegt am Ende des zweites Aktes. Das ist oft der Moment, in dem die Situation hoffnungslos scheint: Alles scheint verloren, die Liebe ist endgültig vorbei. James Bond hat sich hier der Festung des Bösewichts genähert, doch nun wird er überwältigt und meist mit einer gutaussehenden Frau zusammengekettet. Natürlich kann auch der konträre Fall eintreten: Hier hätte der Held alles erreicht, was er erreichen wollte, doch nun nimmt seine Geschichte eine ganz andere Wendung und sein Kartenhaus fällt zusammen. Das wäre bei einer Tragödie der Fall, die das Scheitern des Helden illustriert. Da aber in den meisten Fällen ein Happy End gewünscht wird, muss diesem positiven Schluss ein negativer Moment vorausgehen, der zweite Wendepunkt also.

Diesem folgt der dritte Akt. Hier findet die finale Konfrontation mit dem Antagonisten statt, die schließlich in der Auflösung der Geschichte endet. Dieser finale

Kampf beantwortet die zentrale Frage, die am Anfang der Geschichte gestellt wurde: Wird es dem Protagonisten gelingen, sein Ziel zu erreichen?

Natürlich hat eine Geschichte eine weitaus kompliziertere Struktur als diesen oben genannten Basisaufbau, doch für weitere Feinheiten ist im Exposee kein Platz. Auf vier bis sechs Seiten kann man kaum ausführlich die Nebenhandlungen schildern, etwaige Finten oder kleine Hindernisse genau beschreiben. Hier ist nur Platz für die Haupthandlung und ihre Grobstruktur. All die oben angesprochenen Elemente müssen im Exposee jedoch klar zu erkennen sein. Der Leser muss den ersten, zweiten und dritten Akt identifizieren können, auch die Wendepunkte müssen zu erkennen sein. Gleiches gilt für das Ende der Geschichte.

Das Finale prägt den letzten Eindruck, den man vom Stoff behält – sowohl auf der Leinwand als auch im Exposee. Noch immer sind leider manche Autoren der irrigen Meinung, sie würden durch das Geheimhalten des Schlusses die Neugier des Lesers wecken. Doch wenn Sie kurz vor dem Höhepunkt Ihr Exposee beenden, ist das Gegenteil der Fall. Der Leser fühlt sich getäuscht. Denn bei einem Schriftstück, das womöglich sehr schnell geschrieben werden kann und (vermeintlich!) weniger Sorgfalt als ein Drehbuch benötigt, kann das Fehlen eines genau definierten Endes darauf hindeuten, dass der Autor einfach nicht weiter nachgedacht hat. Er hat seine Arbeit nicht zu Ende gemacht. Das kann schlampig wirken und daher einen negativen Eindruck beim Leser hinterlassen. Zum anderen ist das Exposee, wie noch einmal betont werden muss, ein Verkaufsargument. Als solches muss es vollständig sein. Niemand würde »die Katze im Sack kaufen«, wie es so schön heißt. Sicher, eine Rückfrage beim Autor, wie die Geschichte ausgeht, würde Klarheit schaffen – doch in der Realität erfolgt eine solche nicht und Sie können diesen Dialog auch nicht erzwingen.

Wie also strukturiert man sein Exposee entsprechend?

Syd Field gibt in seinem Handbuch zum Drehbuch folgende Schritte für den Aufbau eines Exposees an: Auf den vier Seiten des Textes sollen die Handlungspunkte so verteilt werden:

> [...] eine halbe Seite für die Anfangsszene oder -sequenz; eine halbe Seite für die allgemeine Handlung im Ersten Akt; eine halbe Seite für den Plot Point am Ende des Ersten Akts; eine halbe Seite für die Handlung im Zweiten Akt; eine halbe Seite für den Plot Point am Ende des Zweiten Akts; und eine dreiviertel Seite für den Dritten Akt, die Auflösung.[8]

Das ist zwar alles recht formalistisch, spiegelt aber eine dreiaktige Struktur relativ gut wider. Hinzu kommt, dass eine Geschichte durch die Komprimierung auf diese Struktur von all ihrem Ballast befreit wird, da nur Raum für die wesentlichen Punkte ist. Ich würde freilich davon ausgehen, dass diese Art Exposee nur eine Arbeitsgrundlage für den Autor ist. Zum einen sind solche rigiden Strukturanga-

---

8   Field: Handbuch. 1996, S. 63. Wohlgemerkt: Er spricht von einem Treatment nach US-Maßstäben, was mit unserem Exposee vergleichbar ist.

ben, wie sie Field auch für das Drehbuch aufstellt (den Plot Points werden genaue Seitenzahlen zugewiesen, Akte haben ebenfalls eine bestimmte Seitenzahl) viel zu einschränkend und keinesfalls jedem Stoff angemessen. Auch fördert eine derart formalistische Präsentation nicht unbedingt den Lesegenuss – und den muss ein Exposee auf jeden Fall bieten.

Problematisch wird es, wenn ein vierseitiges Exposee drei Seiten braucht, um allein die Grundsituation zu erklären. Wie will man dann noch den weiteren Verlauf der Geschichte angemessen darstellen? Der Leser muss nach einer Seite wissen, worum es geht und wer die Hauptfiguren sind. Man sollte nicht zu viel Backstory einbauen und nicht zu detailliert Einführung ins Setting geben. Nur das für die Geschichte Relevante zählt. Normalerweise führt man in der Exposition in die »Welt der Geschichte« ein. Dies kann im Exposee nur mit groben Strichen geschehen. Ein Sonderfall sind Stoffe, die nicht in der Gegenwart spielen. Bei historischen Geschichten ist es manchmal nötig, in bestimmte politische oder moralische Hintergründe einzuführen, da auf diesen das Fundament des Plots beruht. Denn nur wenn man weiß, wie die Hugenotten dem König gegenüberstehen, kann man die Seiten von Gut und Böse abschätzen und die Figuren einordnen. Vor allem wenn der Stoff auf historischen Begebenheiten beruht, ist eine kurze Einführung manchmal wichtig. Doch beim Exposee ist zu beachten, dass diese Informationen nur auf das Wesentlichste beschränkt sind – oftmals reicht schon die Jahreszahl und ein einführender Satz (»1815 – Kaiser Napoleon zieht seine Truppen zu der finalen Schlacht von Waterloo zusammen. Unter ihnen ist....« und dann folgt schon der Name des Protagonisten und die Geschichte beginnt) – die weiteren Informationen ergeben sich aus der folgenden Handlung.

Für Stoffe, die in der Zukunft spielen, gilt Ähnliches, allerdings gestaltet sich die Einführung in eine fremde Welt oft komplizierter als die in die Vergangenheit. Schließlich sind zukünftige Welten oft fantastisch und damit viel weiter von unserer Realität entfernt. Diese Distanz muss überbrückt werden und dies kann oft nur durch einen längeren, erläuternden Text entstehen. Allerdings können auch hier viele Informationen im späteren Verlauf vermittelt werden und viele können einfach unterschlagen werden: Auch wenn Sie ein Exposee zu *Minority Report* schreiben – ist es wirklich wichtig, hier schon zu erzählen, dass die Autos in Ihrer Welt fliegen können? Ich glaube nicht.

In beiden oben genannten Fällen sollte ein kurzer einführender Paragraf die Welt der Geschichte darstellen und die relevanten Fakten beschreiben. Danach sollte – grafisch abgehoben – der eigentliche Plot beginnen und damit die dramatische Handlung. Nur sie gehört ins Exposee und Treatment. Was aber ist dramatische Handlung? Wenn die Geschehnisse einen direkten Bezug zu unserem Plot haben, wenn wir nachvollziehen können, welchen Effekt sie auf unsere Figuren haben. Wenn die Szenen einen Zweck haben und das tun sie, wenn sie die Geschichte vorantreiben.

Ein Exposee ist jedoch nicht szenisch geschrieben. Bis auf zwei Ausnahmen: Der Einstieg und das Finale. Beim Einstieg geht es darum, den Ton, Flair und Stil zu etablieren und den Leser auf das Kommende einzustimmen. Das funktioniert gut mit der Schilderung einer möglichst aussagekräftigen Szene des durchschnittlichen Tagesablaufs (also wirklich die klassische Exposition): »Es ist wie immer noch nicht hell, als Walter durch die Markthallen streift. Im Stimmgewirr prüft er fachmännisch Mangos aus Argentinien und Avocados aus Israel, immer auf der Suche nach der besten Qualität. Ob ein Fisch frisch ist, erkennt Walter an dessen Augen, und auch beim neuseeländischen Lamm oder Schnecken aus dem Burgund macht ihm niemand etwas vor. Walter handelt hart, aber fair. Der ruppige Ton ist seine Sache nicht, doch der bekannte Sternekoch weiß sich auch so durchzusetzen.«

Die andere Möglichkeit ist der klassische Hollywood-Einstieg, der mit einer Actionsequenz beginnt. »Ein Sonntagnachmittag auf dem Marktplatz. Gepflegte Langeweile, gut situierte Spaziergänger stehen um ein wenig spektakuläres Kinderkarussell in der Mitte. Plötzlich rast ein Sportflugzeug heran, viel zu niedrig! Mit letzter Kraft kommt es gerade über die Dächer der Häuser. Jetzt taumelt es direkt auf das Karussell zu...«

Dieser, wie auch der andere Einstieg sollten möglichst visuell geschildert werden. Es ist wichtig, dem Leser direkt zu Beginn möglichst viel Orientierung zu verschaffen. Das bedeutet: Zeit, Ort, Figuren, Handlung. Danach kann man in einen oberflächlicheren Erzählduktus einschlagen – zumindest, was die Dichte der übermittelten Informationen angeht. Das Exposee enthält alle wichtigen Momente der Handlung, die mit dem Kern der Geschichte zusammenhängen. Der Rest ist überflüssig.

Auch wenn die Geschichte mitunter viele technische Erklärungen benötigt – stellen Sie sich einen Großbrand vor, in den die Feuerwehr, der Katastrophenschutz, der technische Hilfsdienst, Polizei und das Militär verwickelt sind, die allesamt versuchen, den Brand einzudämmen und dementsprechend an vielen Orten aktiv sind – stellen Sie dies nicht in den Vordergrund. Bleiben Sie bei Ihren Hauptfiguren! Sonst wirkt der Plot unemotional und kalt. Das Exposee oder Treatment muss den Leser fesseln und packen. Es muss ihn berühren.

Die richtige Gewichtung ist entscheidend. Das Exposee kann nicht jedes Detail, das später im Drehbuch enthalten ist, aufzeigen. Es kann nur die für die Haupthandlung elementaren Elemente darstellen. Es muss den Ort der Handlung bestimmen, die wichtigsten Charaktere und den zentralen Konflikt darstellen. Es muss den Verlauf der Geschichte aufzeigen, samt ihres Finales. Man sollte sich der Lücken in den Handlungssträngen bewusst sein. Es ist klar, dass die Geschichte in diesem Stadium noch nicht zu Ende gedacht ist und dass noch Änderungen ausstehen. Auch der Leser wird – mehr oder weniger bewusst – davon ausgehen, dass es hier noch Leerstellen gibt, die später gefüllt werden.

Eine detaillierte Analyse des Aufbaus eines Exposees ist kaum möglich, dazu ist der Text viel zu kurz und das Dokument letztlich in der Verwertungskette auf dem Weg zum Drehbuch an zu früher Stelle. Denn wenn der Stoff seine weitere Entwicklung durchläuft, wird noch so viel geändert werden, dass sich die Analyse nur bedingt lohnen würde. Aber die Grundstruktur muss erkennbar sein. Schließlich – sofern man mit dem Exposee Interesse geweckt hat – setzt nun der Developmentprozess ein, der viele Änderungen nach sich zieht. Diese werden allerdings in das detailliertere Treatment eingearbeitet, das auf Basis des Exposees erstellt wird. Ein Exposee ist kein »Arbeitspapier« wie das Treatment oder das Drehbuch. Es muss für sich selbst bestehen und dies in der Regel nur in einer Fassung. Vom Treatment kann es dagegen durchaus mehrere Fassungen geben.

5.5 Der Stil des Exposees

Zweck des Exposees ist es, den Leser neugierig auf das Drehbuch zu machen, er muss mehr von der Geschichte erfahren wollen. Der Leser muss das Versprechen, das das Exposee auf das Drehbuch gibt, einlösen wollen. Der wichtigste Zweck des Exposees (und auch des Treatments) ist es also, seine Leser zu begeistern und zu verführen. Dies ist gewiss nicht einfach zu erreichen, schließlich spielen hier viele Faktoren eine Rolle. Neben einem guten Stoff steht aber vor allem die Art und Weise, *wie* dieser vermittelt wird, im Vordergrund.

Jedes künstlerische Werk, egal ob Bild, Musik, Film oder Literatur, entsteht erst im Betrachter. Dieser entschlüsselt den Code des Werkes. Er weist den Zeichen eine Bedeutung zu und gibt ihnen damit einen Sinn. Jedes Werk enthält aber nur eine bestimmte Anzahl von Codes. Es muss Leerstellen enthalten, denn wenn jede Deutungsmöglichkeit vorgeschrieben würde, wären Romane wahrscheinlich unendlich lang. Im Unterschied zu einem Roman ist ein Exposee ungleich kürzer. Damit sind auch die Informationen, bzw. der Code, den es bieten kann, ganz anders strukturiert.

Der Film kommuniziert auf mehreren Kanälen, durch Ton, Bild, Dialog, Handlung, usw. Dadurch kann, sofern es überzeugend im Drehbuch angelegt ist, ein vielschichtiges Werk entstehen. Im Gegensatz zu diesem multimedialen Konstrukt funktioniert das Schreiben nur auf einem Kanal. Die Bedeutungsvermittlung erfolgt über die Schrift, über Worte. Diese müssen beim Drehbuch so angelegt sein, dass sie die weiteren Bedeutungen möglich machen, sie zu einem Teil aber auch offen lassen. Der Autor kann schließlich nicht absehen, wie genau der Drehort aussieht, wie die Physiognomie der Schauspieler ist usw. Beim Treatment müssen die Worte so gewählt sein, dass zumindest ein – nicht näher bezifferbarer – Teil des filmischen Gesamtergebnisses schon angedeutet wird, das Exposee ist noch viel abstrakter.

Um mit David Lodge zu sprechen: Die gewählten Worte erzeugen einen Diskurs, der mittels verschiedener Codes versucht, seinen Leser zu manipulieren. Dies sind zum einen rein linguistische Codes der Grammatik oder auch andere, narrative Codes wie Komik, Suspense oder Rätsel. Durch die Addition der Codes entsteht sozusagen ein Metacode, den der Leser entschlüsseln soll – und zwar auf die Art und Weise, die ihm der Autor vorgibt. Der Autor versucht also, das Leseverhalten zu steuern, seinen Leser zu beeinflussen. Der Autor eines Exposees muss zudem eine viel größere Leistung vollbringen. Er muss versuchen, seinem Leser einen Film vorzugaukeln, ohne dass jedoch der dazu gewählte Text wirklich dafür geeignet ist.

Während das Drehbuch bereits vollständig auf eine mögliche Visualisierung hinarbeitet (vor allem durch Text und Format), unterliegen Exposee und auch Treatment ganz anderen Gesetzen. Ihr Format ähnelt streng narrativen Formen wie dem Roman oder der Kurzgeschichte. Dennoch sollte ein gutes Treatment eine ähnliche Wirkung auf den Leser haben wie das Drehbuch: Er soll sich das Gelesene währenddessen als ablaufenden Film vorstellen. Und wichtiger noch: Er soll eine gewisse Bindung zu der Geschichte entwickeln. Diese erreicht man primär über die Figuren und den Aufbau des Plots, jedoch gilt dies alles nichts, wenn die Vermittlung der Geschichte nicht funktioniert. Diese wird über den Stil des Autors gesteuert. Bei einem Roman kann der Autor ganz andere Prioritäten setzen. Gerade beim Exposee oder Treatment, die ja beide zudem noch Verkaufsargumente sind, muss er besonders manipulativ sein.

Das Exposee wird im Präsens geschrieben. Dies deutet bereits auf das Drehbuch hin, das ebenfalls in dieser Zeitform abgefasst ist. Grund dafür ist die Parallelität zu der fortschreitenden Handlung des Films. Der Lauf der Filmspule geht immer nur in die eine Richtung – vorwärts. Auch dramaturgisch bewegen wir uns immer auf ein Ziel hin. Selbst Rückblenden können den Eindruck einer sich stetig weiterentwickelnden, voranschreitenden Geschichte nicht trüben. Sie vermitteln Informationen, die für den weiteren Verlauf der Geschichte wichtig sind (oder sie sollten es zumindest sein). Rückblenden werden meist dafür genutzt, Ereignisse aus der Vergangenheit darzustellen, die die jetzige Handlung oder die Motivation einer Figur erklären. Insofern schreitet der Erkenntnisprozess des Zuschauers voran, selbst wenn die Handlung scheinbar rückwärts gerichtet ist.

Genau denselben Effekt muss das Drehbuch und damit auch seine Vorstufen Exposee und Treatment haben. Der Leser soll das Gefühl haben, als liefe die Handlung vor seinen Augen ab, unmittelbar, jetzt. Im Drehbuch kann er sich die einzelnen Szenen bildlich vorstellen; im Exposee soll der Leser zumindest dahingehend motiviert werden, seine Neugier auf den weiteren Verlauf der Geschichte zu richten. Das Präsens bietet als unmittelbarere Zeitform im Gegensatz zu den Tempi der Vergangenheit die beste Möglichkeit, eine gewisse »Getriebenheit« zu suggerieren.

Dieses Drängen auf Unmittelbarkeit setzt sich auch in der Wortwahl fort. In Exposee, Treatment und Drehbuch sollten aktive Verben benutzt werden. Passivformen sind eher als »literarisch« zu betrachten. Schachtelsätze sind ebenfalls eher ein literarisches Element und daher ebenso wenig zu gebrauchen. Je länger und verschachtelter ein Satz, desto größer ist die Anstrengung des Lesers, den Inhalt nachzuvollziehen. Dies könnte ihn aus dem Fluss der Geschichte reißen – eine Gefahr, die es unbedingt zu vermeiden gilt. Das Exposee spricht eine klar definierte Sprache. Es heißt »*das* Auto«, nicht »*ein* Auto«. Schreiben Sie nicht »ein Mann« oder »der Banker«, wenn Sie von Ihrem Helden sprechen, sondern nennen Sie ihn beim Namen! Alles andere ist literarisch, es ist genauer gesagt ein Kunstgriff, der Distanz erzeugt.[9] Exakt das Gegenteil also von dem, was der Exposeeautor erreichen will. Gestelzte Formulierungen, die den Fokus nur auf den Schreiber lenken und vom Kern des Exposees, nämlich der Geschichte, ablenken, sind verboten. Es geht hier zwar auch, aber nicht nur darum, den Autor zu verkaufen.

Das Exposee hat simple, klare Hauptsätze. Die Visualität der Sprache zählt hier. Schreiben Sie daher kraftvolle Sätze, die die Handlung auf den Punkt bringen und Bilder vor den Augen des Lesers entstehen lassen. Schreiben Sie vornehmlich kurze Sätze, aber vermeiden Sie es, mit ewiggleichen Subjekt-Prädikat-Objekt-Konstruktionen ein Stakkato zu erzeugen. Stattdessen sollten Sie durch Variationen einen angenehmen, handlungskonformen Rhythmus erzeugen, im Hinterkopf aber immer auf Kürze und Knappheit abzielen.

Die Sprache muss einfach und ungestellt sein. Es geht hier nicht darum, jene sprachliche Brillanz zu demonstrieren, mit der Sie Ihren Deutschlehrer beeindrucken könnten – sondern ein ganz anderes sprachliches Können. Der Leser will Ihren Stoff nicht studieren (dies geschieht erst auf zweiter Ebene), sondern er will zuallererst unterhalten werden! Wenn Sie gutes Entertainment bieten, werden Sie sein Urteil vielleicht positiver gestalten können. Natürlich wird er später in der Analyse auf die *Story Holes* oder die logischen Fehler in Ihrer Geschichte stoßen (das sollte man erwarten, sonst wäre er überbezahlt). Aber wenn Sie ihn eine Viertelstunde lang gut unterhalten haben, wird er diesen Umstand in Rechnung stellen. Sein Urteil wird positiver ausfallen, auch wenn es noch vieles zu bemängeln gibt. Er wird berücksichtigen, dass Sie erst am Anfang des Development-Prozesses sind, schließlich kann man logische und andere Fehler in späteren Fassungen ausmerzen.

Hier geht es zunächst um einen schnellen, unmittelbaren Zugang zu der Geschichte. Namen spielen in der sehr verknappten Erzählweise des Exposees eine große Rolle. Die Namen Ihrer Figuren sollten Sie also spätestens jetzt finden. Und hier sollten Sie auch darauf achten, dass die Namen den Figuren entsprechen (vgl. Kapitel 5.3).

---

9   Vgl. z.B. Franz Kafka: Der Prozess. Hier ist ein »Herr K.« die Hauptfigur.

Gleichzeitig erzählt das Exposee nur die groben Umrisse der Geschichte. Zu viele Details töten das Vergnügen des Lesers – schließlich geht es hier nicht um einen Roman, in dem man sich seitenlang über das Befinden seiner Hauptfigur auslassen kann, sondern es geht um einen Film. Und auch das Medium Film zeichnet sich durch eine strenge Ökonomie aus, in der alles Unwesentliche weggelassen wird.

Ein Exposee sollte sich aber auch nicht wie eine Synopsis lesen. Eine Synopsis ist die reine Zusammenfassung der Geschichte, das also, was der Lektor schreibt. Eine Synopsis verfolgt einen anderen Zweck. Ihr geht es um die nüchterne Beschreibung der Dinge, um die korrekte Darstellung des Handlungsverlaufs – und nicht um deren Verkauf! Eine Synopsis ist nüchtern und kalt, sie ist eine emotionslose Nacherzählung der Dinge.

Natürlich müssen auch im Exposee Informationen vermittelt werden, aber nicht in zu trockener Form. Sie wollen schließlich keine Nachrichtensendung verkaufen, sondern einen bewegenden Film. Das Exposee braucht also einen narrativen Stil, der den Leser auf emotionaler Ebene anspricht. Sie müssen Gefühle erzeugen. Man stelle sich das Exposee wie eine gute Geschichte vor, die man am Abend am Lagerfeuer erzählt. Anfangs hat man die Zuhörer auf seiner Seite. Man muss jedoch alles versuchen, damit dies so bleibt. Sobald sich die Ersten abwenden, um sich ein Bier zu holen oder um ein Gespräch mit ihren Nachbarn anzufangen, hat man verloren.

Letztlich ist das Schreiben eines Exposees vergleichbar mit der Kunst des Witzeerzählens: Es gibt außerordentlich begabte Erzähler, die bringen ihre Zuhörer auch dann wieder zum Lachen, wenn diese den Witz und die Pointe schon längst kennen. Sie machen vielleicht aus einem schwächlichen B-Plot einen brüllenden Schenkelklopfer oder eine unglaublich amüsante, hochgeistige Anekdote, der man mit Vergnügen zuhört. Andere schaffen es, selbst den brillantesten Witz hemmungslos zu verderben, weil sie den Witz mit der detailfreudigen Akribie eines Buchhalters erzählen und der Neugier und den Gefühlen ihres Publikums keine Beachtung schenken oder weil sie die Pointe schon zu Beginn verraten.

Bei einem Witz geht es darum, eine Geschichte mit einer gewissen Struktur zu erzählen: Jeder von uns kennt z.B. das dreiteilige Schema (»Ein Italiener, ein Franzose und ein Ostfriese sitzen in einem Zugabteil...«), das mit einer überraschenden Wendung am Ende (Plot Point und Höhepunkt sozusagen) die Pointe bietet. Die Pointe ist also das Ziel, auf das die (außertextliche) Hauptfigur hinsteuert. Jede Verschiebung der festgelegten Struktur hätte die Katastrophe zur Folge... nicht anders ist es beim Exposee (vgl. Kapitel 5.4). Dieses muss zwar keine Pointe haben, aber einen konsequent verknüpften und sich kontinuierlich aufbauenden Handlungsverlauf, der seine Leser mitreißt.

Aber Vorsicht: Die logische Abfolge der Ereignisse und ihre kausale Verkettung können dazu führen, dass man die Handlung tendenziell als »und dann...«-

Abfolge darstellen will. Viele Autoren haben einen großen Drang zu »dass«- oder »daher«-Formulierungen. Sie sollten Ihr Augenmerk darauf legen, diese zu vermeiden bzw. ihre Häufigkeit zu verringern.

Der Stil muss zum Thema des Stoffes passen. Eine Komödie kann sicherlich flüssiger, leichter und auch einmal mit ungewöhnlicherer Wortwahl erzählt werden. Aber auch dann müssen die Worte treffend sein, müssen sozusagen kleine Pointen liefern. Bei einem klaustrophobischen Thriller sollten Sie dagegen unbedingt vermeiden, zu umständlich und lyrisch zu sein. Kleine, schnelle, »harte« Hauptsätze spiegeln das Thema besser wider. Vor allem sollten Sie den Aufbau der Handlung in Betracht ziehen und diesen stilistisch widerspiegeln: Wenn es auf das spannende Finale zugeht, sind lange, umständliche Sätze oder Vokabeln ein klarer »Stimmungskiller«. Sie verlangsamen das Tempo, entschleunigen die Lesegeschwindigkeit. Das steht konträr zum Spannungsverlauf und kann störend wirken. Sie sollten den Handlungsverlauf insgesamt beachten und den Stil anpassen, sofern dies nicht schon automatisch geschieht. Allerdings gibt es auch hier Ausnahmen.

Am Anfang des Exposees hat man vermeintlich etwas mehr Raum und Freiheit zum Erzählen. Hier in der Exposition werden die Figuren eingeführt und Setting und Ton der Geschichte formuliert. Das Tempo ist meist eher entspannt getragen, sofern Sie nicht die Hollywood-Blockbuster-Einstiegsvariante wählen, die mit einem »Hammer« direkt zu Beginn versucht, den Leser mitzureißen (vgl. Kapitel 5.4). Doch der Schein trügt. Sie haben in der Exposition keinesfalls mehr Freiraum zum Fabulieren. Dem Stoffinhalt steht hier ein ganz anderer Aspekt entgegen: Hier beginnt der Leser die Lektüre des Textes und schon hier muss er gefesselt werden. Das geht nur (abgesehen vom Stoff und der Struktur) mit wohlformulierten Sätzen, die ihn direkt in die Geschichte ziehen. Wenn Sie Ihr Exposee überarbeiten (was Sie hoffentlich tun), sollten Sie dem Stil am Anfang die größte Sorgfalt schenken. Von ihm hängt es ab, ob sich der Leser in den Stoff hineinziehen lässt. Deswegen schenken gerade Romanautoren ihren Anfängen besondere Beachtung – schließlich ist der erste Satz eine Art Schleuse zwischen Realität und Fiktion. Und in Ihrem Exposee ist dies nicht anders.

Das Exposee darf nicht nüchtern wirken und keinesfalls darf es an die technischen Elemente des Drehbuchformats erinnern: Hier werden keine Szenen nummeriert oder mit bestimmten Absatz-Formaten operiert. Angaben wie »Akt 2« oder »Die Geschichte beginnt mit....« sind unbedingt zu unterlassen. Ein »Plot Point:« mitten im Text verrät sofort den Anfänger. Und das ist absolut zu vermeiden.

Technische Anweisungen müssen fehlen, weil das Exposee wie der Film funktionieren soll. Der klassische Hollywoodfilm vermittelt den Eindruck, als würde die Geschichte auch auf genau dieselbe Weise ablaufen, wenn der Zuschauer nicht da wäre. Die Geschichte entfaltet sich logisch und zielgerichtet, sie hat keine Brüche und nichts in dem Film deutet darauf hin, dass hinter diesen Bildern ein riesiger

Aufwand steckt: dass bei der intimen Liebesszene 50 Menschen daneben stehen, es bitterkalt ist und die Hauptdarstellerin den Hauptdarsteller nicht ausstehen kann, dass die Schweißperlen auf den Körpern mit einem Spray aufgetragen werden und dass das Bett nicht in einer Kabine der Queen Elisabeth steht, sondern in einem alten Flugzeughangar irgendwo im Nirgendwo. Film ist die perfekte Illusion und der Zuschauer reagiert bisweilen sehr verärgert, wenn ihm diese geraubt wird. Ein Mikro, das von oben ins Bild hängt, kann da schon genügen. Ausnahme sind natürlich Filme von *Monty Python* o.Ä., die genau dies satirisch nutzen. Das epische Theater, das den Zuschauer direkt anspricht und seine Künstlichkeit ständig betont, ist ein Vorläufer dieser Technik. Doch auch hier ging es Brecht darum, den Intellekt seines Publikums anzusprechen und es nicht durch Emotionen zu verwirren. Genau das ist kontraproduktiv für Filme, die kommerziell erfolgreich sein wollen und auch für das Exposee und Treatment. Denn sie sollen genau das tun: Sie verwirren den Leser, machen ihn neugierig, machen, dass er sich den Film schon fast vorstellen kann und ihn schließlich realisieren möchte.

Manche Exposees oder Treatments versuchen, den Leser direkt anzusprechen, zum Beispiel durch Kommentare, die auf die spätere Realisation verweisen: »Rocco, ein großer, glatzköpfiger (je nach Casting) Türsteher«. Dies verletzt die unsichtbare Grenze, die zwischen Stoff und Realisation besteht. In dem Moment der Exposee-Lektüre geht es um den Stoff selbst – und nicht um die Produktion. Die Leute, die sich später mit dem Casting auseinandersetzen, sind meist andere, als die, die das Exposee zuerst lesen.

Im Exposee können Sie den Leser auf andere, geschicktere Weise manipulieren, denn auch hier haben Sie sozusagen eine »Kamera« zur Verfügung, mit der Sie die Wahrnehmung des Lesers beeinflussen können. Durch die Erzählperspektive bestimmen Sie, wie der Leser die Geschichte aufnimmt. Die in der Literatur übliche Ich-Form wäre zwar theoretisch möglich, ist aber letztlich nicht geeignet für den Exposeestil. Auch der offen auftretende, allwissende Erzähler, der in das Gefühlsleben der Figuren blicken kann und sich selbst als Erzähler präsentiert (»Unsere Hauptfigur, nennen wir sie Franzi...«), ist kaum für ein Exposee geeignet – auch hier gilt: Es soll der Stoff verkauft werden, und nicht in erster Linie der Autor. Hinzu kommt, dass das spätere Drehbuch ja auf solche Erzählinstanzen verzichten muss und es somit vielleicht Verwirrung stiften könnte, fände man einen auktorialen Erzähler in seiner Vorstufe vor.

Der Autor des Exposees nimmt sozusagen die Stellung eines neutralen Erzählers in der dritten Person Singular ein. Dieser personale Erzähler bleibt unsichtbar und dabei streng objektiv. Er kann in den Kopf seiner Figuren blicken, doch Formulierungen wie »Sophie ist verzweifelt. Sie ist hin- und hergerissen, die Entscheidung fällt ihr schwer. Ihr Selbstwertgefühl ist angeknackst und sie weiß nicht, wie sie es wieder reparieren soll« sind ebenfalls völlig unangebracht. Allein die Länge dieser Gefühlsbeschreibung passt nicht in ein Exposee und außerdem muss dieses Gefühl in Handlung umgesetzt werden – wenn es ein zentraler Moment ist, sollte man im Treatment eine Szene entwickeln; wenn es ein weniger wichtiger Handlungspunkt ist, kann man dies im Exposee in einem Satz zusammenfassen: »Hin- und hergerissen fährt Sophie ihm hinterher.«

Es ist auch möglich, sämtliche Einblicke in die Gefühlswelt der Figuren zu unterlassen und die Welt der Geschichte völlig objektiv zu beschreiben. Das wirkt allerdings mitunter kalt und zu distanziert. Da das Exposee den Leser jedoch in die Geschichte hineinziehen und seine Identifikation mit dem Protagonisten fördern will, sollten kurze Einblicke in die Person gegeben werden. Diese sollten nicht zu ausführlich sein: Sie schreiben eine extrem kondensierte Wiedergabe eines handlungsgetriebenen Plots – und mit Letzterem müssen Sie den Leser begeistern. Inneneinsichten in die Figuren sollten höchstens dazu dienen, die Motivation klar herauszuarbeiten und nicht dazu, etwaige Gefühlsbilder und Stimmungen zu malen.

Die Erzählerrolle wird auch durch die Informationsvergabe definiert. Sie müssen entscheiden, wann Sie dem Leser/Zuschauer welche Informationen mitteilen wollen. Die dramaturgischen Konsequenzen können entscheidend sein. Normalerweise schaut der Erzähler seinem Protagonisten direkt über die Schulter und vermittelt die Informationen so, wie es sein Held erlebt. Dies bedeutet auch, dass er nur das erzählt, was sein Held auch miterlebt. Aber er kann sich von dem Protagonisten entfernen und berichten, was hinter dessen Rücken geschieht.

Theoretisch ist es möglich, als personaler Erzähler in verschiedene Figuren zu schlüpfen. Beim Exposee unterlässt man solches aus dramaturgischen Gründen meist. Denn schließlich geht es darum, sich auf die Geschichte eines einzelnen Protagonisten zu fokussieren.

Im Gegensatz zum Ich-Erzähler wird eine Identifikation mit dem Protagonisten nicht vorgeschrieben. Denn es ist nicht so, dass der Leser automatisch Zeuge der Gedanken des Protagonisten wird: »Ich lächele ihr über den Tresen hinweg zu. Noch sieht sie in die entgegengesetzte Richtung. Doch ich weiß, dass ich sie knacken kann.« Als personaler Erzähler würde man erzählen, wie der Protagonist zu der Frau hingeht, und sich z.B. als Großgrundbesitzer, Schauspieler, Agent oder Pornodarsteller ausgibt. Und man würde auch erzählen, wie er vielleicht kurz darauf scheitert – je nach Genre.

Die Distanz zwischen Publikum und Autor ist, im Vergleich zum Roman oder der Novelle, beim Exposee am geringsten. Der Erzähler verschwindet hinter seinem Helden. Dadurch erringt man einen wichtigen Effekt: Der unmittelbarere Zugang zur Figur ermöglicht eine bessere Identifikation des Lesers mit dieser Figur.

In einem Exposee muss so viel Information wie möglich in einem so kurzen Text wie möglich verpackt werden. Das bedeutet, dass Sie einen Fokus auf das Wesentliche legen. Folgen Sie dem zentralen Plot, den Sie erzählen wollen, und lassen Sie alles andere weg. Exposees sind stark elliptische Erzählungen. Ist der Film schon eine stark verkürzte Erzählform, die sich nur auf wesentliche Bestandteile der Geschichte konzentriert, ist das Exposee ein noch stärker verkürzter Text. Er bietet nur die grobe Basisgeschichte an. Die Zeit wird im Exposee extrem gerafft, nicht nur, was die gesamte Geschichte, sondern auch, was ihren Aufbau angeht. Bestimmte chronologische Umformungen wie Rückblenden oder Vorausdeutungen spielen eine untergeordnete Rolle – es sei denn, Letztere wird als »ticking bomb« eingesetzt: Wenn am Anfang eine *Deadline* gesetzt wird (das große Finale am Ende, der Abgabetermin, der Vulkanausbruch), dann wird diese dramaturgische aufbereitet.

Das Verkürzen birgt aber Gefahren in sich. Gerade wenn der Autor schon das fertige Drehbuch geschrieben hat oder schon ausführlichst recherchiert und sich lange mit dem Stoff und seinen Figuren beschäftigt hat, verfügt er über ein enorm großes Wissen über die Geschichte. In der irrigen Annahme, dass es dem Leser vielleicht ähnlich geht, sparen manche Autoren im Exposee viele Informationen aus, da sie ihnen selbstverständlich erscheinen. Man sollte sich also beim Korrekturlesen in die Situation eines Erstlesers versetzen und überprüfen, ob die Geschichte sich auch diesem vermittelt.

Stil ist etwas, das nur schwer zu greifen ist – und vor allem ist er ungleich verteilt. Manchen Autoren ist Talent gegeben, andere müssen schwer dafür arbeiten und manche werden es nie lernen. Die Arbeit an der eigenen Sprache und nicht zuletzt beständiges Üben können aber den Blick und damit das Bewusstsein für einen Schreibstil schärfen. In Kapitel 6.8 wollen wir daher auf weitere Ratschläge eingehen, die für den Stil eines Treatments wichtig sind.

5.6 Zusammenfassung Exposee

Ein Exposee muss dem Leser mindestens folgende Fragen beantworten:

- Die Figuren:
  - Wer ist der Protagonist, wer der Antagonist?
  - Sind beide etwa gleich stark?
  - Was ist das Ziel des Protagonisten?
  - Wodurch wird die Figur motiviert?
  - Ist es eine aktive Figur?
  - Wer sind die wichtigsten Figuren?
  - Von welchem Point of View aus wird erzählt?
  - Wie ist das Identifikationspotenzial des Protagonisten?
- Was ist der zentrale Konflikt?
  - Worum geht es eigentlich?

- Sind die Motivationen beider Konfliktparteien nachvollziehbar und logisch?
- Steht eine Figur oder eher die Handlung im Vordergrund?
- Wie entwickelt sich die Geschichte?
- Was sind die entscheidenden Wendepunkte der Geschichte?
- Wie kommt die Geschichte ins Rollen?
- Wie endet die Geschichte?
- Das Setting: Wann und wo spielt die Geschichte?
- Sprache: Korrespondiert die Sprache/der Stil mit der Story und dem Genre?
- Was ist die Zielgruppe der Geschichte?
- Was ist das Thema der Geschichte?
- Was ist der USP – der *unique selling point?*

5.7 Beispiel Exposee »Lola rennt«

LOLA RENNT
von Tom Tykwer / X Filme Creative Pool GmbH

Lola ist 20. Manni auch. Der Film ist schnell, nervös, hysterisch, bunt.

0

Lola telefoniert. Manni ist dran. Lola liebt Manni. Manni ist in Schwierigkeiten. Er hat für Ronnie 10 geklaute Daimler ins Ausland gebracht und nach der Rückkehr das Geld in einer Plastiktüte – bei der Flucht vor Fahrscheinkontrolleuren – in der U-Bahn ... liegengelassen. 100.000 Mark. Nicht zu fassen.
Ein Penner findet die Plastiktüte mit dem seltsamen, bunten Werbeaufdruck.
Manni ist verzweifelt. Um eins muß er Ronnie die Kohle vorbeibringen. Es ist zwanzig vor eins. Er geht gleich in den Riesensupermarkt da vorn und holt sich das Geld eben so. 'Ne Pistole hat er ja.
Lola fleht Manni an, nichts dergleichen zu tun. Aber Manni hat Angst vor Ronnie. Der glaubt ihm kein Wort. Manni hat schon mal versucht, ihn reinzulegen, das hat auch nicht geklappt. Lola bittet Manni, sich nicht zu rühren und auf sie zu warten. Zusammen werden sie das Problem schon lösen. Manni sagt: Um Punkt eins geh ich in den Laden und besorge das Geld. Oder du bist da und hast 'ne bessere Idee.
1
Lola knallt den Hörer auf. 20 Sekunden hektisch überlegen. Rasende Flashs von Gesichtern: Wer ihr alles helfen könnte. Die zuckende Abfolge bleibt bei einem Kopf hängen, als wäre es Roulette. Lolas Vater.
Lola rennt, um zwei Häuserecken und die Hauptstraße hinunter. Zur Bank, wo ihr Vater arbeitet. Alle flüchtigen Begegnungen werden beiläufig unterstrichen. Wir verfolgen

kurz einen Mann, der versucht, sein Fahrrad zu verkaufen. Ein Geschäftsmann fährt aus seiner Garage, erschreckt sich über die vorbeilaufende Lola und rollt in einen vorbeifahrendenden GTI. Vier ungemütliche Typen steigen aus. Lola erreicht die Bank. Schuster, der Wachmann, klopft blöde Sprüche, wie immer. Lola stürmt in das Büro ihres Vaters. Er flirtet gerade mit Frau Hansen, seiner Chefin. Hysterisch versucht Lola ihm klarzumachen, daß sie das Geld braucht, daß sie ihn nie um was gebeten hat, daß er doch verdammt nochmal Filialleiter ist, und daß er schließlich am Tag ihrer Geburt eine Lebensversicherung für sie abgeschlossen hat, die garantiert soviel wert ist! Der Vater, ertappt und überrumpelt, kriegt einen Wutanfall, ein Streit eskaliert, sie brüllen sich an, die ganze Bank-Etage hört zu. Schließlich will er sie rausschmeißen. Lola weigert sich, zu gehen, aber Schuster erledigt das schon. Dem geschockten Personal stockt bei all dem Gezeter der Atem. Der Vater brüllt alle Gaffer auch nochmal an, daß sie nicht so glotzen sollen oder ich schmeiß euch alle raus! Lola rennt unter Tränen zu Manni. Sie rennt und rennt. Die Straßenuhr zeigt 3 Minuten vor eins. Ein Krankenwagen mit lauter Sirene rast an ihr vorbei, muß an einer Kreuzung eine Vollbremsung machen.

Es ist kurz nach eins, als sie ankommt.

Manni ist gerade in den Supermarkt gegangen und steht mit gezogener Pistole vor den entgeisterten Kassierern. Lola zögert nicht lange. Manni schickt Lola an die Kassen. Sie leert alle zwölf. Die beiden rennen raus und die Straße hinunter. Für einen kurzen Moment ist es ganz absurd romantisch, die Musik ist laut – zu laut. Sie rennen in die Arme der Polizei, die schon den Bürgersteig versperrt hat. Manni fuchtelt mit der Pistole. Sechs Polizeikugeln treffen ihn und Lola in die Brust. Sie stolpern auf die Straße. Sterbend legt Lola ihre Hand auf sein Gesicht und sagt: »Weißt du. Du bist einfach zum Kotzen.«

2

Lola knallt den Hörer auf. 20 Sekunden hektisch überlegen. Rasende Flashs von Gesichtern: Wer ihr alles helfen könnte. Die zuckende Abfolge bleibt bei einem Kopf hängen, als wäre es Roulette. Lolas Vater.

Lola rennt los. Dieselbe Strecke. Wieder die gleichen flüchtigen Begegnungen, der Fahrradfahrer, der ausparkende Geschäftsmann, der kleine Unfall. Doch Kleinigkeiten sind anders, wichtige Details, die Lola in eine andere Stimmung bringen: wütender.

Sie erreicht die Bank, keift Schuster an, bevor dieser loslegen kann. Diesmal registriert Lola des Vaters Gefummel mit Frau Hansen. Der Streit eskaliert sehr viel schneller, der Vater ist fast noch sturer. Lola stapft aus dem Gebäude – und bleibt vor der Tür stehen. Sie starrt auf die Pistole im Halfter des Wachmanns. Schuster läßt wieder einen seiner Sprüche los. Prompt kehrt Lola um, zerrt ihm den Revolver aus dem Leder und marschiert so zu ihrem Vater. Sie drückt ihm die Waffe aufs Auge, zerrt ihn mit und schiebt ihn durch die Bank zum Schaltersaal. Aus allen Kassen läßt sie sich Geld einpacken, während Schuster auf sie einflüstert: Hör auf mit dem Quatsch. Sie hält ihm die Pistole auf die Brust und blickt ihn für einen Augenblick sehr ernst an: Halt die Klappe oder ich erschieß dich. Der Mann faßt sich ans Herz und sinkt zu Boden. Vor Schreck hat er Atemnot. Lola hat inzwischen alles Bargeld zusammen, sprintet zur Tür und hinaus.

12 Uhr 59. Atemlos erreicht sie den Supermarkt. Manni will gerade hineingehen. Sie ruft ihm von der Straße aus zu: Warte! Er sieht sie, kommt auf sie zu – und wird von dem heranbrausenden Krankenwagen erfaßt, dessen Sirene er in seinem Panikzustand nicht gehört hat. Das Auto überrollt ihn und bleibt mit quietschenden Bremsen stehen. Lola beugt sich über den sterbenden Manni. Er zieht sie zu sich und flüstert: »Du bist wirklich ein Engel.«

3

Lola knallt den Hörer auf. 20 Sekunden hektisch überlegen. Rasende Flashs von Gesichtern: wer ihr alles helfen könnte. Die zuckende Abfolge bleibt bei einem Kopf hängen, als wäre es Roulette. Lolas Vater.

Wieder rennt sie los. Dieselbe Strecke.

Dieses Mal kollidiert sie fast mit dem Radfahrer, der an seinem Fahrrad ein Schild hat: Zu verkaufen. Der Radfahrer trifft an einem Trinkstand einen Stadtstreicher, der ihm das Rad abkauft. Es ist der Penner, der gerade zuvor in der U-Bahn die Plastiktüte mit dem Geld gefunden hat. Wir folgen dem Penner, der schließlich am Supermarkt vorbeifährt, wo Mannis Blick auf die auffällige Tüte am Gepäckträger des Fahrrads fällt. Das ist sie doch!? Manni springt auf und rennt dem Stadtstreicher nach, ein Wettrennen beginnt, doch Manni holt ihn ein und holt sich sein Geld zurück.

Er kann sein Glück kaum glauben.

Der Geschäftsmann, der diesmal keinen Unfall beim Ausparken verursacht hat, fährt zu Lolas Vater und holt ihn zum Essen ab. Lola sieht, wie ihr Vater in seinen Wagen steigt – gerade als sie ankommt. Sie schreit hinter ihnen her, aber der Wagen verschwindet. Der Wachmann zwinkert ihr zu, sie blickt ihn erneut einige Sekunden todernst und durchdringend an – bis er sich abwendet. Der Vater ist weg ... woher jetzt auf die Schnelle soviel Geld herholen?

Lola rennt. Verzweifelt hofft sie rennend auf eine Eingebung. Dann bleibt sie ruckartig stehen. Auf der anderen Straßenseite ist das Staatscasino. 10 vor eins. Sie rennt schnurstracks darauf zu, jagt in den Spielsaal, tauscht ihre letzten 100 Mark in einen einzigen Chip. Sie geht zum Roulette und setzt den Chip auf die 20. Dann preßt sie die Hände zu Fäusten, ganz fest, die Knöchel werden weiß, hält die Luft an, schließt die Augen und preßt. Ein wahnsinnig angespannter Ton entrinnt ihr, während die Kugel ihre Bahn sucht und in der 20 landet. Mit manischem Blick kassiert Lola die Chips, unter den irritierten Blicken der Umstehenden. Ein Manager kommt und bittet sie freundlich, das Casino zu verlassen, weil sie nicht angemessen gekleidet ist. Mit eiserner Entschlossenheit blickt sie ihm ins Gesicht und bittet nur noch um eine Minute. Der Mann gibt nach. Lola läßt die ganzen 3600 DM auf der 20 liegen. Als der Croupier die Kugel losschickt, ballt sie alle Energiereserven in sich zusammen ... die Kugel rollt, Lola preßt in sich hinein,

ein Laut entfährt ihr, ihre totale Anspannung platzt in einen gellenden Schrei, sie schreit hysterisch und anhaltend die Kugel an, die sich daraufhin tatsächlich erneut ihren Weg in die 20 quält!

Fassungslos stehen die Leute um Lola herum, wie sie nach zwei Minuten Aufenthalt mit 129.600 DM in Chips zum Auszahlungsschalter läuft. Sie bittet um Barauszahlung und eine Plastiktüte.

Lola rennt auf die Straße. Vier Minuten vor eins. Da ist wieder der Krankenwagen, der eine Vollbremsung machen muß. Sie springt hinten in das Auto rein. Ein Sanitäter macht gerade Herzmassage: bei Schuster, dem Wachmann aus Papas Bank! Er hatte einen Infarkt. Der Sani brüllt sie an, was sie denn hier drin will. Schuster öffnet starr die Augen, und streckt die Hand nach Lola aus. Sie setzt sich zu ihm und hält seine Hand, lange drei Minuten. Während die beiden sich anblicken, normalisiert sich der Herzschlag des Wachmanns langsam wieder. Der Sanitäter ist perplex über die schnelle Verbesserung der Lage seines Patienten. Dann sieht Lola den Supermarkt und springt aus dem Wagen. Es ist genau 1 Uhr. Die Kirchturmglocken schlagen.

Manni ist weg.

Im Supermarkt ist er auch nicht. Lola steht eine lange Minute mit der Plastiktüte da. Ihr ist schwindlig.

Dann sieht sie Manni aus Ronnies Auto steigen. Er kommt auf sie zu.

Alles passiert wie Zeitlupe. Manni lächelt Lola an. Alles o.k. Er hat das Geld wiedergefunden und Ronnie gegeben. Manni hat schon fast wieder vergessen, wie aufgeregt er noch vor zwanzig Minuten war. Lola ist still und abwesend. Manni nimmt sie an der Hand. Ruhig gehen sie über den Bürgersteig. Manni zeigt auf die Plastiktüte in Lolas Hand. »Was is'n das?«

Schwarz. Titelnachspann

6. Das Treatment

A treatment is a sales pitch aimed at a tired, cynical egoistical producer and / or the twelve-year-old Cambridge graduate who reads for him. It should aim to catch his interest by being ›different‹, but be sufficiently like a current recent phenomenal success to make him check that there is space on his mantelpiece for his next award.[1]

Nun ja, vielleicht kann man einen weniger ironischen Standpunkt einnehmen, aber die Ansprüche der Branche und der nicht immer pflegliche Umgang mit Autoren und ihren Texten führt des Öfteren zu einem solch bitteren Humor. Und letztlich steckt im obigen Spruch auch etwas Wahres.

Ein Treatment ist eine recht kurze, narrative Erzählung einer Geschichte, die für das Kino oder für das Fernsehen gedacht ist. Es umfasst die wichtigen Figuren, die dramatischen Momente und macht den Ton und das Thema des Stoffes deutlich. Das Treatment erzählt in einem simplen, direkten und sehr visuellen Stil die dramatischen Momente der Geschichte. Würden Sie *Der Förster vom Silberwald* erzählen wollen, sollte Ihr Treatment also den Förster, seine Frau und den Wilderer einführen, die entscheidenden Momente des Aufeinandertreffens erzählen und die Schlussszene, und im gesamten Erzählduktus muss deutlich werden, dass es sich um einen Heimatfilm handelt. Im Gegensatz zum Exposee würde das Treatment aber konkreter auf einzelne Erzählmomente eingehen und weniger abstrakt bleiben: Der dramaturgische Aufbau wird hier erstmals eindeutig.

Man könnte also folgendermaßen formulieren: Das Exposee formuliert die Grundidee, das Treatment aber behandelt die Zeit. Erst hier wird genau dargestellt, wie welche Informationen der Geschichte an wen gegeben werden. Der nächste Schritt ist das Drehbuch – und erst dort werden tatsächlich die Figuren zum Leben erweckt, soweit das auf Papier möglich ist. Aber zunächst zum Treatment zurück.

Die Ursprünge des Treatments liegen in den Anfangstagen des Films. Nachdem man sich anfangs auf bloße Begebenheiten beschränken musste, konnte man dank der sich verbessernden Technik nun auch längere Geschichten erzählen. Der Boom des Films um 1910 löste eine dringende Suche nach Stoffmaterial aus. Man begann, Theaterstücke und Romane zu adaptieren, doch das brachte neue Probleme mit sich:

A novel that ran four or five hundred pages presented problems, including the fact that it would run half the night. A one-set stage play just wasn't a movie. It had to be chased outdoors, and activated. Trained screenwriters were hired to revamp theses materials. Their problem was how to ›treat‹ the

---

1   Sue Teddern: A Suitable Case for Treatment. In: Friedman: Writing Long Running Television Series. 1994, S. 155.

> play or novel to make it into a silent movie. They synopsed their ideas for the producer in narrative form, and in the present tense. This adaptation outline was known as the treatment.[2]

Lane Tamar beschrieb das Treatment 1936 noch genauer:

> A treatment is a suggested detailed outline for the best manner of presenting a story on the screen, regardless of whether the story is an original photoplay manuscript, a novel, or a stage play. The treatment is prepared after the story has been purchased and before it is finally put into continuity form.[3]

Damals enthielten Treatments jedoch noch Kameraanweisungen und auch Bemerkungen zur Musik – Dialoge aber fehlten auch hier. Inhaltlich ähnelten sie einer heutigen Outline. Treatments waren allerdings detaillierter und ausgefeilter als heutzutage. Das Treatment beschrieb vielmehr die Art und Weise, wie man einen Stoff behandelte und aus welchem Blickwinkel man die Geschichte anging. Sie waren noch viel stärker die Grundlage für das *Continuity* – das heute Drehbuch genannt wird. Der damalige Umgang mit den Autorenrechten unterschied sich von dem heutigen: Oft wurden bei mehreren Autoren Treatments zu ein und demselben Stoff in Auftrag gegeben – und die Ergebnisse dann zusammengefasst.

Auch heute gibt es starke Differenzen in den Angaben über das Treatment, gerade, was seine Länge betrifft: Die Drehbuchliteratur empfiehlt zwischen acht und 20 Seiten für ein TV-Stundenformat und doppelt so lang für einen zweistündigen Spielfilm.[4] Ebenso tauchen Angaben von 40-60 Seiten[5] bis hin zu 90 Seiten[6] auf.

Gerade aufgrund dieser missverständlichen Angaben scheint es mir wichtig, den »Arbeitsbegriff« Treatment endlich einmal genauer zu definieren – in der Hoffnung, dass damit die immer wiederkehrenden Irritationen auch in konkreten Arbeitsgesprächen gemindert werden können.

Auch die britische Autorin Sue Teddern hat in einer kleinen Umfrage (die wissenschaftlichen Standards nicht genügt), festgestellt, dass der Terminus »Treatment« eine erstaunlich große Variationsbreite erfährt. Dieser Terminus umfasst eine große Bandbreite von Schriften, bis hin zu dem, was man als »Bibel«[7] oder »Outline« bezeichnen würde. Immerhin stellt einer der Befragten beruhigend fest:

> Writer's shouldn't worry too much about how their formats are presented, since there are no hard and fast rules. But they should find a format that ex-

---

2 Wells Root: Writing the Script. 1979, S. 172.

3 Tamar Lane: The New Technique of Screen Writing. A practical Guide to the Writing and Marketing of Photoplays. 1936, S. 190.

4 Vgl. Alfred Brenner: TV Scriptwriter's Handbook. 1980, S. 109.

5 Vgl. C.P. Hant: Drehbuch. 2000, S. 33f.

6 Vgl. Robert McKee: Story. 2000, S. 446.

7 Zu Anfang einer Soap- oder Weekly-Produktion wird eine »Bibel« erstellt, in der alle auftretenden Figuren ausführlich charakterisiert werden und damit eine unwiderrufliche Richtlinie erstellt wird. Wenn neue Autoren im Verlauf der Serie angeheuert werden, können diese die Bibel als Grundlage für ihre Dreh- oder Dialogbücher nehmen.

presses their project as clearly as possible. [...] A treatment isn't a first draft of how to go about the series. It's a summary that makes you want to see the series.[8]

Vielleicht sollte man an dieser Stelle differenzieren: Wenn es darum geht, seinen Stoff an den Mann zu bringen, und man wählt aus gegebenen Gründen nicht das Exposee (z.b. bei der Einreichung bei einer Filmförderung), schreibt man am besten ein kurzes Treatment von bis zu 15 Seiten.[9] Wenn aber einmal Interesse an dem Stoff bekundet wurde und es darum geht, seine Geschichte auszuformulieren und zu strukturieren, man das Treatment also mehr für sich selbst oder in der fortgeschrittenen Development-Phase für den Produzenten oder Redakteur schreibt, dann macht es mehr Sinn, ein ausführlicheres Treatment zu schreiben. Letztlich ist es der Auftraggeber, der bestimmt, welche Form von Treatment er haben möchte. Am einfachsten, man fragt dort nach.

Ebenso kann man sich an den Vorstellungen der verschiedenen Filmstiftungen in Deutschland orientieren. Dort ist das Treatment Grundlage einer jeden Förderentscheidung, die sich auf das Drehbuch bezieht. Die meisten Anträge für eine Drehbuchförderung müssen Folgendes umfassen: eine Kurzinhaltsangabe, meist eine Figurenbeschreibung und eine ausgearbeitete Dialogszene. Bei allen Förderanstalten ist ein Treatment der Kern der Bewerbung, nur bei der BKM kann man sich ausnahmsweise auch mit einem Exposee (bis zu fünf Seiten lang) bewerben. Anmerkungen wie: »in gut lesbarer Ausfertigung in deutscher Sprache geheftet oder gebunden« zeigen, dass die Hinweise auf die Präsentation (vgl. Kapitel 6.2) nicht ganz unbegründet sind. Gleiches zeigen die Ansprüche der FFA, die sogar einen Zeilenabstand von 1,5 Zeilen vorgibt. Die meisten Förderungen machen Angaben über die Länge des Treatments und offensichtlich besteht hier nur in einem Einigkeit: Zehn Seiten Umfang wird als Minimalanforderung gegeben, in der Maximallänge unterscheiden sich die Angaben. Für das BKM und die FFA ist das Treatment mit 20 Seiten beendet, für die FFF mit höchstens 30 Seiten.

Auch wenn Robert McKee hierzu einen ironischen Standpunkt einnimmt,[10] wollen wir für uns im Weiteren eine durchschnittliche Länge von zehn bis 20 Seiten definieren.

---

8   Sue Teddern: A Suitable Case for Treatment. In: Friedmann: Writing Long running Television Series. 1994, S. 163.

9   »There is little consensus on an ideal length, although anything over five pages is generally accepted as a treatment. Thirty- or even sixty-page treatments are not unheard of, but such a level of detail is unnecessary and seems to defeat the object of providing agents and producers with a short selling document. The time would be better spent developing your script. I try to work to a minimum of five pages and a maximum of twelve.« John Costello: Writing a Screenplay. 2002, S. 71.

10   »Die heute in der Branche weitverbreiteten zehn – oder zwölfseitigen Treatments sind keine Treatments, sondern Skizzen mit einer ausreichenden Anzahl von Wörtern, damit der Leser der Story folgen kann.« Robert McKee: Story. 2000, S. 446.

Was aber muss das Treatment also beinhalten?

Je nachdem wie lang und ausführlich Sie das Treatment schreiben – der folgende Schritt zum Drehbuch kann später sehr leicht fallen.[11] Denn einen Großteil der kreativen Arbeit haben Sie schon mit dem Treatment erledigt. Die Zeit, die man dafür aufwendet, kann oft länger sein als die, die man für das Drehbuch braucht. Wenn Sie ein ausformuliertes 40-seitiges Treatment schreiben, und der Schritt zur Szenenoutline nicht mehr weit ist, dann ist das Drehbuch nur noch ein Kinderspiel. Denn was fehlt, ist der Dialog und ein ausformulierter Szenentext. Dieser sollte jedoch einfach zu schreiben sein – natürlich vorausgesetzt, man ist ein guter Dialogautor –, da man die Szenen alle schon angedacht und für sich visualisiert hat.

Für unsere Definition des Treatments, die den obigen Ansprüchen der Filmförderungen genügt, können Sie überlegen, mit drei bis sechs Seiten pro Akt zu arbeiten. Da aber der erste und der letzte Akt nur halb so lang wie der Mittelteil sind, sollten diese beiden jeweils ungefähr drei Seiten und der zweite Akt sechs Seiten umfassen. Damit würde eine Seite Treatment zehn Seiten Drehbuch umfassen.

Ich möchte diese Angaben aber keinesfalls als feste Vorgaben verstanden wissen, sondern nur als Hilfe beim Schreibprozess. Sie sollen Ihnen nur ein Gefühl vermitteln, wie Sie die übliche dreiaktige Struktur einfach auf Ihr Treatment übertragen können. Kleine Ziele, eben die Einordnung in kleinere Einheiten (z.B. auf dramaturgischer Ebene in acht Sequenzen o.Ä.), können dabei helfen, den kreativen Prozess zu strukturieren. Und selbstverständlich sei hier auch darauf hingewiesen, dass es durchaus andere Möglichkeiten der Strukturierung gibt, denn gerade experimentelle Stoffe entziehen sich solchen Mustern. Ob Sie nun mit fünf, sieben oder zwölf Akten den Stoff bewältigen, das sei Ihnen überlassen; die Mehrzahl der dramaturgischen Muster folgt jedoch dem dreiteiligen Schema.

Generell ist der kreative Prozess jedoch anders als beim Exposee. Das Treatment erfordert aufgrund seiner Ausführlichkeit eine detailliertere Auseinandersetzung mit dem Stoff als das Exposee – es will viel mehr Platz und Erzählraum gefüllt werden. Also muss man sich intensiver mit der Grundidee auseinandersetzen, sich stärker in Details eindenken. Welche Nebenhandlungen brauche ich, welche Figuren? Wie genau baue ich die Hindernisse auf, welche Themen, Motive usw. kann ich entwickeln?

Das Treatment ist vornehmlich Arbeit an der Struktur. Hier zählt nicht nur Kreativität bei der Figurenentwicklung, sondern hier geht es vielmehr um das Ausloten des Gesamtwesens. Hier werden die markanten Erzählpunkte des Stoffes gestärkt und besser, das heißt flüssiger und enger verzahnt miteinander verbunden. Die

---

11   »Treatments [...] may range from one or two pages to those that almost approximate the length of a finished screenplay. One screenwriter wrote a story for a successful film that ran over 90 pages. After that, writing the screenplay became a process of including the dialogue with the action.« Michael Halperin: Writing the Killer Treatment. 2002, S. 8.

Leerräume werden ausgefüllt. Einerseits durch die Subplots, andererseits durch Nebenfiguren, die dem Ganzen mehr Tiefe geben. Dazu aber im Weiteren mehr. Wie gesagt: Schreiben ist eigentlich die Kunst des Auswählens. Es gibt tausend Möglichkeiten, eine Geschichte zu erzählen, aber die Art und Weise, *wie* man die einzelnen Elemente auswählt, macht eine Geschichte so besonders. Ein Film ist ein Medium in der Zeit – und das Treatment ist die erste Auseinandersetzung darüber, wie Sie mit der Zeit umgehen (im Gegensatz zum Exposee, das ganz andere Ziele setzt). Bei dem Treatment beweisen Sie also Ihre Fähigkeiten im Spiel mit der zu vergebenden (Erzähl-)Zeit.

Doch auch jetzt dürfen Sie noch nicht alle Informationen, die man vielleicht schon zur Geschichte gesammelt hat, preisgeben. Dialogfetzen oder witzige Details spielen noch immer keine Rolle. Überhaupt sollte der Dialog vernachlässigt werden. Er gehört »zu den nebensächlichsten Dingen des Films«. Fehler oder Schwächen im Drehbuch oder im Film liegen selten am Dialog, sondern eher in der Struktur. Ein Treatment enthält sozusagen per Definition keinen Dialog. Indirekte Rede ist zwar zugelassen, aber auch darauf sollten Sie eher verzichten – es sei denn, sie ist für die Geschichte von größter Bedeutung. Ein »Rosebud« sollte auch im Treatment von *Citizen Kane* stehen. Damit ist das Treatment sozusagen ein Szenario, also die Beschränkung auf die visuell sichtbare Handlung, das an den Stummfilm erinnert. Nur die wichtigsten Worte werden quasi als Zwischentitel eingeblendet: »Du hier?« oder »Mörder!« erfüllen dieselben Kriterien wie das obige Beispiel, wenn sie eine entscheidende Wendung ankündigen. Das Treatment ist im filmischen Kontext eigentlich eine »stumme Kunst«. Es spricht viel dafür, es als Relikt des Stummfilms im Tonfilm anzusehen.

Was den Dialog angeht, ist die Komödie jedoch ein Sonderfall: Ein Treatment für eine Komödie kann durchaus Dialoganteile enthalten, gerade wenn ihre Komik vor allem auf Wortwitz beruht. Ein Großteil der Komödien heutzutage verzichtet auf Slapstick als primären Humorlieferanten – der eine sehr körperliche Art der Komik ist. Diese ist schwer in Worte zu fassen und in einem Treatment, das ja ohnehin nicht detailliert die Szene beschreibt, kaum zu platzieren. Auch der Wortwitz wird leicht überschätzt, schließlich ist er vor allem ein Teil der Reaktion einer Figur innerhalb einer bestimmten Situation. Also kann man den Konflikt, den diese Figur durchlebt, womöglich auch anders darstellen, ohne auf Dialog zurückgreifen zu müssen.

Wichtig ist hier auch die Gewichtung. Bei einer Komödie können Sie einige wenige Dialogsätze – aber auch dann am besten in indirekter Rede – in Ihr Treatment aufnehmen, allerdings sollten Sie nur die wirklich besten Witze herausgreifen. Schließlich können diese Stil und Ton Ihrer Komödie unterstreichen. Darum geht es schließlich auch: Der Leser soll einen Eindruck des zu Erwartenden bekommen, ohne dass zu viele Details genannt werden. Wenn Sie es schaffen, Gags, Körperkomik und Dialoge gut zu umschreiben, treffen Sie den Ton des Films!

Sie kennen bestimmt das fade Gefühl, das sich manchmal nach dem »Genuss« einer Komödie einstellt. Sie haben gelacht, Wortwitz und Slapstick waren durchaus vorhanden, doch es bleibt ein Gefühl der Leere. Die Gags standen auf unsicherem Boden. Die Dialoge sind wichtig für die »Außenwirkung« des Films, sind also vielmehr Dekor oder Tapete. Doch im Inneren wird der Film durch eine gute Geschichte zusammengehalten. Und die hat bei dieser Komödie gefehlt oder vielleicht war sie auch nur falsch aufgebaut. Das Treatment ist hier sozusagen das Instrument des Statikers und kann dabei helfen, das Ganze auf »sichere Füße« zu stellen.

Von allen Texten, die vor dem Film geschrieben werden, ist das Treatment jenes, welches am einfachsten und bequemsten zu lesen ist. Treatments sind bei weitem nicht so rudimentär wie das Exposee, aber auch nicht so technisch wie die Szenenoutline oder das Drehbuch. Daher sollte das Treatment, das innerhalb unseres kleinen Kosmos ja der narrativste Text ist, unbedingt den Ton widerspiegeln und auch den Stil des Autors reflektieren. Hier hat der Autor mehr Möglichkeiten, sich zu entfalten.

Während das Exposee noch nicht so ausgefeilt ist, hat das Treatment szenischen Charakter, der sich auch im Format niederschlägt. Zumeist wird der Inhalt einer Szene in einem Paragrafen oder in kurzen Absätzen zusammengefasst. Bei ganz kurzen Szenen, die sozusagen Zwischenschnitte darstellen, kann man darauf verzichten. Auch hier gilt es wieder zu überlegen, ob die jeweilige Szene wirklich relevant für die Geschichte ist. Unwichtige Szenen z.B. der Nebenhandlung können in einem Satz dargestellt werden. Relevante Szenen, die wichtig oder womöglich entscheidend sind, sollten ausführlich geschildert werden.

Je länger das Treatment ist, desto mehr Erzählraum können Sie den Szenen widmen. Sie können diese ausformulieren, und vielleicht sogar einige Dialoge in indirekter Rede einfügen. So geben Sie dem Ganzen mehr Stimmung. Je mehr Raum Sie haben, um die Geschichte zu erzählen, desto mehr Möglichkeiten haben Sie, um diese plastisch darzustellen. Der Leser wird dann weniger seine Abstraktionsfähigkeit beanspruchen, um sich das Ganze vor Augen zu führen. Denn – wenngleich in abgeminderter Form dem Drehbuch gegenüber – das ist das Ziel des Treatments: eine Prävisualisierung des Films.

6.1 Die Funktion des Treatments

Ein gutes Treatment kann dem Autor einige Vorteile verschaffen, es öffnet viele Türen. Allerdings ist auch das Gegenteil wahr: Ein schlechtes Treatment kann einen Stoff nachhaltig verderben – selbst wenn die Idee gut ist, es aber in Form eines schlechtes Treatments präsentiert wurde, wird der Verkaufserfolg wahrscheinlich ausbleiben.

Wie das Exposee erfüllt auch das Treatment dieselben Primärfunktionen: Es dient dazu, sich als Autor einen Überblick über seinen Stoff zu verschaffen und erfüllt diese Funktion auch für den Leser. Je länger das Treatment, desto genauer lassen sich Aufbau und Figuren analysieren. Dann ist das Treatment ein gutes Analyseinstrument.

Gerade in der Serienentwicklung in Deutschland werden die Vorschläge für neue Folgen in Form eines Treatments unterbreitet. Die Grundidee der Serie ist ja bereits verabschiedet, und über die Figuren wird nun nicht mehr grundsätzlich geredet. Bei einem Film oder einer Neuentwicklung müssen Plot, Figuren und Ton vermittelt werden; bei einer bestehenden Serie geht es eher darum, die Inhalte der einzelnen Folgen zu definieren. Über die Geschichte der einzelnen Folge wird meist anhand einer *Outline* entschieden. Das ist ein ein- bis zweiseitiges Papier, auf dem die Grund-idee der Folge skizziert wird. Zustimmungen (»Ein ungewöhnlicher Fall, interessant...«) oder Ablehnungen (»Eine tragische Geschichte – aber wie kommen unsere Helden da ins Spiel...«) erfolgen meist aufgrund solcher Schlagworte (»Kindesmissbrauch ist zu düster...«). Wird dieser erste Pitch abgenommen, erfolgt der Weg über das Exposee, das bei der Serien-entwicklung eine etwas ausführlichere Form annehmen kann, schließlich zum Treatment. Dieses ist Diskussionsgrundlage für den gesamten dramaturgischen Aufbau und erfüllt daher eine andere Funktion. Das Treatment wird also vielleicht szenischer geraten – so dass man von einem Szenentreatment oder Bildertreatment sprechen kann. Es werden schon die einzelnen Szenen formuliert und beschrieben, aber in weitaus ausführlicherer Form als bei einer Szenenoutline.

Und natürlich dient auch das Treatment dazu, einen Stoff zu verkaufen. Gerade wenn Sie sich um eine Drehbuchförderung bewerben, ist Ihr Treatment ja das erste Dokument, mit dem Sie Kontakt zu Ihrem zukünftigen Partner, der Förderinstitution, aufnehmen. Insofern gelten hier dieselben Kriterien wie beim Exposee.

Wenn Sie sich mit Ihrer Stoffidee an eine Produktionsfirma wenden, sollten Sie es zunächst mit einem Exposee versuchen. Ein Treatment ist dann nützlich, wenn Sie den Stoff schon verkauft haben. Wenn Sie dies aber noch vor sich haben, lohnt es sich nicht immer, derartig viel Zeit und Geld zu investieren. Einerseits kann sich der Leser einen besseren Überblick über Ihre Idee verschaffen, andererseits fallen in einem langen Treatment Fehler vielleicht eher auf und schließlich kann es sein, dass Sie sich weiter von den Vorstellungen Ihres potenziellen Auftraggebers entfernen. In einem Exposee bleiben Sie unkonkreter und lassen damit mehr Raum zur Interpretation.

Doch gehen wir vom Idealfall eines Stoffentwicklungsprozesses aus.

Hier haben Sie bei einer Produktionsfirma bereits ein Exposee eingereicht und sind auf Interesse gestoßen. Sie haben die Produktionsfirma sogar schon überzeugt, sich an Ihrem Projekt zu beteiligen – egal ob nun für das Kino oder für das Fernsehen. Es geht also nicht mehr darum, sich als Autor zu verkaufen, den Vertrag haben Sie ja schon in der Tasche. Sie haben Geld für eine Option erhalten und entwickeln nun das Treatment – dies geschieht selten allein, sondern in Absprache mit den anderen kreativen Verantwortlichen.

Diese sind namentlich der Produzent oder/und der Producer und zusätzlich der Redakteur, sofern es sich um einen Fernsehstoff handelt. Eventuell haben Sie schon Ihre erste Stoffkonferenz gehabt und sind in den Genuss zahlreicher Anmerkungen und Wünsche gekommen, die Ihnen vielleicht nicht immer einleuchten mögen. Aber nichtsdestotrotz müssen Sie diese befolgen. Das kann ein harter Prozess sein, falls Sie vorher idealistisch waren, das kann ein ganz normaler Prozess sein, falls Sie bereits Erfahrungen haben.

Oft ist der Verlauf des Development-Prozess abhängig von den beteiligten Personen – oder vielmehr deren Egos und handwerklichem Können. Falls Sie dachten: Anstatt Regisseur zu werden, schreibe ich lieber Drehbücher, da stehe ich nicht im Mittelpunkt und lässt man mich in Ruhe – dann sollten Sie schnellstens umdenken. Denn niemand lässt Sie in Ruhe. Während des Stoffentwicklungsprozesses stehen Sie im Mittelpunkt. Und als solcher sind Sie durchaus Reibereien ausgesetzt.

Ihre Rolle als Autor bedingt, dass Sie das umsetzen müssen, was Ihre Geldgeber Ihnen sagen. Das bezieht sich übrigens auf jede schreibende Zunft, denn auch Romanautoren setzen sich mit ihrem Lektor auseinander und Journalisten mit ihrem Chef vom Dienst – allerdings sind deren Einflussnahmen oftmals geringer als die der Redakteure und Produzenten bei Film und Fernsehen. Deren Wünsche und Ideen sind sicherlich nicht immer überzeugend. Denn schließlich sind Sie – der Autor – die kreative Kraft.[12] Nutzen Sie dies als Chance. Seien Sie besser als die Vorschläge, die man Ihnen unterbreitet. Sicher, es ist schwierig, sich gegen die Besetzung der Nichte des Produzenten zu wehren – aber es ist möglich, einen seltsamen Schauplatzwunsch durch einen besseren Vorschlag auszuhebeln. Sie schreiben die Geschichte, Sie sollten sie am besten kennen. Und daher sollten Sie auch die beste Idee haben, weil sie sich organisch in den Rest einfügt! Sie haben den Plot und die Figuren entwickelt, daher sollten Sie am ehesten eine Vorstellung haben, was sich innerhalb dieses kleinen Universums ermöglichen lässt und was nicht.

Doch nicht nur im kreativen Prozess mit den anderen Beteiligten, sondern auch bei der stillen Arbeit am Stoff sollten Sie die Möglichkeiten des Stoffes ausnutzen. Man kann das Treatment als Chance begreifen: Es beschleunigt den Entstehungsprozess des Drehbuch um ein Vielfaches.

---

12 Sicher, als kreative Kraft ist man auch schnell von Schreibblockaden bedroht und gerade beim Treatment könnten sich diese häufen – das Exposee profitiert noch von der schnellen Unmittelbarkeit der Grundidee, das Drehbuch beruft sich auf die Arbeit, die das Treatment schon geleistet hat. Es gibt viele Möglichkeiten und Tricks, wie man mit solchen Schreibstörungen umgehen kann – hier ist allerdings nicht der Raum dafür.

6.2 Die Präsentation des Treatments

Zum Lesegenuss gehören zum einen die formalen Details, die wir auch schon bei der Präsentation des Exposees besprochen haben. Eine fehlerfreie Grammatik und Zeichensetzung sind Pflicht, ebenso nummerierte Seiten und ein ansprechendes Äußeres. Lassen Sie eher mehr weiß auf der Seite. Schreiben Sie nicht bis zum Papierrand voll, sondern lassen Sie auch an den Seiten Platz. Achten Sie auf das gesamte Schriftbild. Erzählen Sie in Paragrafen und achten Sie darauf, dass diese kurz und inhaltlich abgeschlossen sind. Erschlagen Sie den Leser nicht mit schwarzen Textblöcken.

Wie gesagt: Jede Stoffeinreichung fällt wieder auf den Autor zurück. Versetzen Sie sich in die Rolle des Mitglieds eines Vergabeausschusses oder eines Lektors, Redakteurs oder Producers. Sie wollen sicherlich keinen schlampigen Text lesen, der fehlerhaft ist und auf schmutzigem Papier steht... – von inhaltlichen Fehlern ganz abgesehen. Sie als Autor sollten Ihren Stoff mittlerweile gut recherchiert haben. In dem Moment, in dem Sie die Handlung ausarbeiten und anfüttern, sollten Sie sich über die realen Gegebenheiten oder Möglichkeiten in der Welt Ihrer Geschichte bewusst sein.

Manchmal bietet es sich an, die Präsentation des Stoffes mit inhaltlichen Elementen zu verknüpfen. Dies gelingt nicht immer. Wenn Sie beides aber organisch miteinander verbinden können, kann dies durchaus positiv wirken. Zum Beispiel wäre es denkbar, einen Stoff über einen Sternekoch und seine unglückliche Liebe zum Fast Food im Treatment mit ein paar Rezepten aufzupeppen. Am besten ist es, wenn diese sogar noch Stimmungsschwankungen unterstreichen können. So kann z.B. ein Rezept für eingelegten Hering durchaus amüsant wirken, wenn Sie es an der Stelle einfügen, an der der arme Koch morgens aufwacht – und schwer verkatert ist.

Der größere Raum, der Ihnen das Treatment im Vergleich zum Exposee lässt, kann auch anderweitig genutzt werden. Sie können z.B. bei einer Komödie – nicht aber bei einem Melodram! – als Einstieg in den Text »Zitate« der einzelnen Figuren bringen. Diese müssen witzig sein und das Verhältnis der Figuren zueinander deutlich machen. Und natürlich müssen es gegensätzliche Positionen sein – wir sind schließlich im Drama und brauchen Konflikt.

Es ist auch möglich, das Treatment mit einer »Montage« zu beginnen. Eine Szenenabfolge möglichst witziger Momente, die sofort den Ton und Stil des Films deutlich machen. Der Leser weiß, worauf er sich im Weiteren einlässt. Er ist aufgelockert und mental vorbereitet. Gleiches gilt natürlich auch, wenn Sie Ihrem knallharten Politthriller eine fiktive Aktennotiz voranstellen. Auch diese wird schnell die nüchterne Erzählhaltung unterstreichen.

Falls es ein Familienstoff ist, können Sie z.B. aus der Sicht des Kindes über die Erwachsenen urteilen. Das kann komisch wirken, da der Zuschauer aus einer naiven Sichtweise in das Thema eingeführt wird. Sein Blickwinkel ist ein anderer – der des Kindes.

Es gibt so viele Treatments wie es Autoren gibt und damit sind unzählige Varianten möglich. Probieren Sie es aus, aber denken Sie an eine überzeugende Gewichtung. Und versuchen Sie sich an solchen »Spielereien« nur, wenn diese tatsächlich zum Stoff passen und nicht gezwungen wirken.

Bevor Sie Ihr Treatment abschicken, machen Sie noch eine Leseprobe.

Sie haben die wichtigsten Szenen Ihrer Geschichte geschrieben und logisch miteinander verbunden. Aber versteht das auch jemand, der nicht über Ihr Hintergrundwissen verfügt? Haben Sie alle relevanten Details mitgeteilt? Wird alles deutlich, oder müssen Sie noch erklärend eingreifen? Die einfachste Möglichkeit wäre, Ihr Treatment einem anderem zu lesen zu geben. Sicher, Familie und Freunde sind meist die ersten Ansprechpartner. Achten Sie darauf, welche Gegenfragen Sie bekommen. Achten Sie weniger auf das Lob, das man Ihnen wahrscheinlich ausspricht. Freunde sind selten nüchterne Leser. Autorenpartnerschaften wären hier das Ideal. Ein anderer Autor ist auch »vom Fach«. Er kann Ihr Treatment nicht nur inhaltlich, sondern auch handwerklich beurteilen – und soweit er nicht etwas eifersüchtig ist, sollten Sie sich auf sein Urteil verlassen können.

Ihr Treatment sollte einen »Sog«, eine Atmosphäre entwickeln, die Sie in die Geschichte hineinzieht. Und um selbst einen solchen verspüren zu können, müssen Sie zunächst Distanz zu dem Treatment schaffen. Deshalb ist es eine andere Möglichkeit, den Text laut zu lesen und dabei mitzuschneiden. Idealerweise sollten Sie einen anderen Leser dafür gewinnen können, aber auch wenn Sie selbst lesen: Hören Sie sich das Band am nächsten Tag wieder an. Überzeugt die Geschichte? Oder berührt es Sie peinlich? Wenn das der Fall ist, an welchen Stellen geschieht es? Was »hakt«, wo stolpern Sie?

6.3 Die Figuren im Treatment

Man könnte eine Analogie aufstellen, obwohl diese sich nur bedingt halten lässt: Im Exposee finden Sie *Stereotypen* vor. Dies sind einfache, klar umrissene Figuren mit wenigen deutlichen Eigenschaften, die schnell greifbar sind. Sie sind primär Teil der Handlung und eher Spielball des groben Plots.

Im Treatment finden Sie bereits eine *Figur*. Hier gibt es relativ ausformulierte Figuren, die ein eigenes Profil haben. Sie haben erste persönliche Eigenschaften wie Hobbys, Neurosen oder Vorlieben und sind nicht nur getrieben von der Handlung. Die Figuren sind jedoch auch aktiver in den Plots – die feineren Strukturen lassen ihnen einfach mehr Platz. Sie können hier mehrdimensionale Figuren anlegen – das bedeutet, dass Sie immer auch das Gegenteil eines Persönlichkeitszuges durchdenken und eventuell ins Spiel bringen.

Im Drehbuch finden Sie endlich *Charaktere*. Hier sind die Figuren runde, mehrdimensionale Charaktere, die mehr als zwei oder drei Wesenszüge aufweisen. Es werden viele Eigenschaften, Gefühle und Einstellungen sichtbar, die auch divergieren können. All dies geschieht auf verschiedenen Ebenen: Aussehen, Verhalten, Einstellung usw. Gerade um die Figuren gänzlich zu fassen, fehlt im Treatment aber ein wichtiges Detail: der Dialog. In der Sprache, im Duktus und in der Wortwahl werden die Figuren wirklich lebendig, erst hier bekommen sie den letzten Schliff. Dies gilt selbstverständlich auch nur auf der Ebene der Schrift – eine vollständige Ausfüllung der Rolle geschieht erst, wenn der Schauspieler sie tatsächlich spielt.

Im Exposee haben Sie die Ziele der Figuren beschrieben und deren Motivation dargestellt. Sie haben erklärt, was auf dem Spiel steht, die Figuren als aktiv gezeichnet und klar den Protagonisten und Antagonisten herausgearbeitet. Alle diese Punkte müssen natürlich auch weiterhin zu finden sein. Im Treatment können Sie nun darauf aufbauen und die Grundlagen für die faszinierenden Charaktere schaffen, nach denen sich Ihr Publikum verzehren wird, mit denen es mitfiebert und die es hasst und liebt. Haben Sie im Exposee noch einige Figuren geschaffen, die vor allem funktionale Rollen ausfüllen, können Sie diese Platzhalter nun »ausmalen«. Sie können endlich kleinere Facetten einfügen und feinere Details erzählen.

Dieses geschieht vor allem dadurch, dass Sie die Parameter durchspielen, anhand derer sich Figuren definieren lassen. Diese sind psychologischer, physiologischer und soziologischer Natur.

Auf der soziologischen Ebene reflektieren Sie die Stellung der Figur innerhalb der Gesellschaft. Dazu gehören Dinge wie Beruf, Einkommen, Privatleben, Elternhaus, das Milieu oder z.B. Partnerschaft. Es macht große Unterschiede, ob eine Figur verheiratet, geschieden oder womöglich verwitwet ist (schauen Sie sich das Figurenensemble in *Desperate Housewives* an).

Einige biografische Kategorien überschreiten die Ebenen. So ist die »Ausbildung« natürlich sozusagen ein soziales Konstrukt, genauso wie die »Kultur«, aber beide definieren sicherlich das Denken und Fühlen Ihrer Figur. Auf dieser psychologischen Ebene spielen neben dem Glauben, der Moral und den Wertvorstellungen auch die inneren Einstellungen und Standpunkte gegenüber der Welt eine Rolle. Sie bestimmen die Denkweisen der Figur, wie z.B. im Verhalten des Gefängniswärters Hank Grotowski und seines Vaters Buck in *Monsters Ball* deutlich wird.

Auf physiologischer Ebene liegen Parameter wie Aussehen, Kleidung, Gestus und auch die Sprache. Diese Ebene spielt im Treatment keine besondere Rolle. Sie haben noch immer zu wenig Platz, um Ihre Figuren komplett mit körperlichen Eigenschaften auszustatten. Auch sollten Sie dies ohnehin unterlassen, um das Casting später nicht unnötig zu erschweren. Beschränken Sie sich auf grundlegende körperliche Eigenschaften, falls diese wichtig für die Geschichte sind. Natürlich ist es zum Beispiel sehr wichtig, wenn Ihr Held ein steifes Bein hat oder wenn er einen übertrieben dandyhaften Kleidungsstil (Tom Schilling als Harry in *Verschwende deine Jugend*) pflegt. Dies können Sie beschreiben und für die Handlung ausnutzen. Bissige Kommentare anderer Figuren über den Modegeschmack der Figur können Sie allerdings erst im Drehbuch einfließen lassen.

Im Treatment müssen Sie vor allem darauf achten, dass Ihre Hauptfiguren einen eindeutigen Standpunkt gegenüber der Welt einnehmen. Ihren Nebenfiguren können Sie z.B. eine zynische Grundhaltung Beziehungen gegenüber erst im Drehbuch geben – und damit dann für den nötigen Comic Relief sorgen. Die Einstellung der Hauptfiguren, ihre Haltung gegenüber dem Leben sollte aber bereits im Treatment sichtbar werden – natürlich vor allem durch ihr Verhalten in bestimmten Situationen.

Wie Ihre Figuren in den Situationen reagieren, sollte immer glaubwürdig und nachvollziehbar sein. Daran merkt der Leser, ob Sie sich fundiert mit Ihren Figuren beschäftigt haben, oder ob Sie diese nur flüchtig angedacht und sozusagen einen Schnellschuss abgeliefert haben. Glaubwürdigkeit ist generell einer der wichtigsten »Checkpunkte«, was die Analyse eines Stoffes angeht. Was der Leser oder Lektor hier offensiv betreibt, soll eventuellen Zweifeln des Publikums vorbeugen. Dieses ist Meister darin, Unglaubwürdigkeiten aufzuspüren. Fragen Sie sich selbst: Wie gehen Sie mit logischen Fehlern in Filmen um? Welche Reaktion löst das bei Ihnen aus?

Ein dramaturgischer Trick kann auch auf Figurenebene dazu nützen, Plausibilität zu erzeugen. Ihre Hauptfigur sollte eine Schwäche haben. Eine sogenannte Achillesferse dient dazu, die Figur glaubwürdiger zu machen (also beispielsweise das leichte »Helfersyndrom« von Jessica Schwarz in *Kammerflimmern*). Das Publikum kann sich eher mit einem unperfekten Wesen identifizieren als mit einem perfekten Superhelden, der makellos ist, und nimmt eine solche Figur also eher an.

Figuren müssen einen Zwiespalt überbrücken: Einerseits dürfen sie dem Leser oder dem Zuschauer nicht zu ähnlich sein. Das wirkt unter Umständen langweilig und ermüdend, schließlich ist der Zuschauer mit diesen Facetten und Problemen nur zu gut bekannt. Andererseits dürfen die Figuren dem Leser und Zuschauer auch nicht zu fremd sein. Abstand, Distanz und schließlich Abwendung wären mögliche Folgen. Natürlich kann es grundsätzlich sehr spannend sein, in das Leben eines 84-jährigen Maori einzutauchen, doch ob Sie mit dieser Identifikationsfigur ein breites Publikum in Deutschland erreichen, ist doch fraglich. Wenn Sie Ihre Figuren entwerfen, achten Sie immer darauf, wen Sie damit erreichen wollen.

Ebenfalls mit Blick auf das Publikum sollten Sie das *Want* und das *Need* der Figur durchdenken. Ersteres steht für das bewusste Ziel der Figur, z.B. »Ich will die Welt retten«, also das, was womöglich wörtlich geäußert wird. Das *Need* steht für ein Bedürfnis der Figur, etwa geliebt zu werden. Dieses grundlegende Bedürfnis ist der Figur zwar nicht bewusst. Dem Zuschauer muss es allerdings deutlich werden. Durch ein *Want* und ein *Need* gibt man den Figuren ein erweitertes Spektrum, hier liegt das Fundament für einen mehrdimensionalen Charakter. Sind beide Wünsche ganz gegensätzlich positioniert, also z.b.»reich werden« und »geliebt werden«, so kann das Streben der Figur nach Anerkennung als tragisches Dilemma erzählt werden. Denn um reich zu werden muss man sich wahrscheinlich skrupellos nach oben kämpfen und kann nicht auf die Gefühle anderer Rücksicht nehmen – und damit erreicht man sicher nicht, dass man geliebt wird. Nicht nur die großen tragischen Stoffe stellen ein tragisches Dilemma in den Mittelpunkt, sondern auch (erfolgreiche) Komödien oder aktuelle Dramen. Ein Dilemma dient hervorragend dazu, einen Stoff voranzutreiben.

Die klassische Dramaturgie fordert eine Entwicklung des Protagonisten. Dieser muss sozusagen eine Läuterung erfahren und am Ende seine Lektion gelernt haben. Eine solche Entwicklung des Protagonisten kann sich z.b. auf das obige Beispiel beziehen, wenn der Protagonist schließlich merkt, dass er tatsächlich mit seinem Geld nicht glücklich wird, sondern Liebe braucht – und findet. Die Entwicklung der Figuren findet meist auf psychologischer Ebene statt, denn es geht zumeist um Erfahrungen und Einstellungen. Dies bedingt, dass dieser Entwicklungsplot meist im Subplot dargestellt wird. Daher kann er im Exposee nur angedacht werden, sollte sich aber hier im Treatment deutlich niederschlagen (vgl. Kapitel 6.4).

Jetzt ist es auch Zeit, die Nebenfiguren zu etablieren und auszuarbeiten. Konnten Sie sich im Exposee nur auf die Hauptfiguren und eventuell den *Love interest* des Protagonisten beschränken, bietet das Treatment genug Raum, um das Figurenspektrum zu erweitern.

Alle Nebenfiguren reihen sich um den Protagonisten und stehen in einer bestimmten Beziehung zu ihm. Dieses Geflecht muss gut austariert sein, damit die *Orchestrierung* überzeugen kann. Die Nebenfiguren werden zumeist über ihre Funktionen definiert.

Es gibt z.b. die Katalysatorfigur, die den Protagonisten antreibt oder ihn unterstützt, die Mentorfigur, die ihm Rat gibt oder die komische Figur, die für humoristische Momente sorgt. Eine thematische Figur wird eingesetzt, um das Thema des Films z.b. symbolhaft oder aus einer entgegengesetzten Perspektive zu verkörpern. Eine kontrastierende Figur nimmt einen solch entgegengesetzten Standpunkt zur Hauptfigur ein. So sollen deren Charakterzüge besser hervortreten. Alle Nebenfiguren sollten dem Film eine weitere Ebene hinzufügen und sie alle sollten dazu dienen, die Hauptfigur zu charakterisieren – im Umgang mit anderen, besonders in Extremsituationen, zeigt sich der Charakter eines Menschen besonders gut. Natürlich gilt auch hier das Prinzip der Ökonomie. Keine der Figuren darf überflüssig sein, die Figurenfunktionen sollten sich nicht doppeln.

Die Drehbuchhandbücher sagen immer wieder, dass der Autor seine Figuren lieben soll. Sonst könne er keine überzeugenden Charaktere schaffen. Wenn man von *dem großen Kinofilm* redet, mag das unter Umständen zutreffen, andererseits erscheint mir das doch ein wenig romantisch. Denn wie soll der Autor seine Charaktere lieben, wenn er das Treatment zu einer Serie schreibt, die jemand anderes erfunden hat und die bereits seit sechs Jahren läuft? Nein, Sie sollten die Figuren nicht lieben, denn Sie müssen ihnen im Sinne des dramatischen Konfliktes auch viel Schaden zufügen – aber Sie müssen sie wirklich gut kennen! Ein professioneller Autor muss das Beste aus einer Figur herausholen, und wenn man Liebe mit »Beachtung« übersetzt, dann würde ich obiges Statement sogar gelten lassen: Sorgfalt im Umgang mit den Figuren steht an oberster Stelle!

Figuren haben ein eigenes Leben. Es entwickelt sich, wenn Sie die Figuren entwickeln. Je länger Sie mit ihnen arbeiten, desto vertrauter und plastischer werden Ihnen die Figuren erscheinen. So kann es immer wieder passieren, dass Sie plötzliche Eingebungen haben, wie sich die Figur in bestimmten Momenten verhält. Allein aus diesem Grund ist das Schreiben eines Treatments wichtig. Es hilft, den Blick für die Figur zu schärfen und sich langsam an einen überzeugenden Charakter heranzutasten.

Sie müssen Ihre Figuren möglichst anschaulich schildern, allerdings ist hier auch Vorsicht geboten. Wenn Sie zu detailliert sind, liefern Sie gleichzeitig die Deutung der Details mit. Das schränkt die Vorstellung des Lesers ein. Sie schreiben ihm das Bild vor, das er sich von der Figur machen soll – er könnte es durchaus negativ auffassen. Aber Sie können den Leser lenken. Sie können mit Worten Bilder vorschlagen, in die der Leser seine eigenen Vorstellungen hineinprojizieren kann. Das ist vor allem hier im Treatment und später im Drehbuch wichtig. Das Casting wirbelt die ganzen Vorüberlegungen dann wieder durcheinander. Mit Ihren Worten entwerfen Sie ein Bild der Figur, das später durch ein reales Gesicht gefüllt wird. Deswegen sollten Sie den Leser auf den richtigen Weg lenken, aber nicht zu restriktiv sein.

Und vergessen Sie nicht: Beschreiben Sie die Figuren nicht. *Erzählen* Sie sie! Schreiben Sie keine ausführlichen Abhandlungen über Aussehen und Ansichten. Steigen Sie direkt in die Handlung ein und schmücken Sie die Figur mit wenigen treffenden Worten sozusagen »nebenbei« aus. Nur dann kann die Figur lebendig werden.

6.4 Der Aufbau des Treatments

Die wichtigste Funktion des Treatments ist es, die Struktur des (zu erwartenden) Films deutlich zu machen. Im Gegensatz zu dem noch weitgehend abstrakten und auf den zentralen Konflikt beschränkten Exposee kann man die Struktur der Handlung hier genauer aufzeigen. Sie können nun nicht nur die Haupthandlung, sondern auch andere Handlungsebenen erzählen. Dies ist neben der nun deutlichen Gewichtung der Figuren und deren emotionaler Entwicklung und Motive eine der wichtigsten Weiterentwicklungen im Gegensatz zum Exposee.

Im Treatment wird die Handlung detaillierter ausgeführt und in kleinere Verzweigungen weiterentwickelt. Anstelle der groben Handlungslinien bietet das Treatment schon mehr Raum für dramaturgische Feinheiten wie das Planting und Payoff, Wiederholung, Motive u.Ä. – diese können aber letztlich nur im Drehbuch selbst zur Perfektion gelangen. Denn erst dort kann man zum Beispiel die Übergänge zwischen den Szenen gestalten und so für ein gewisses Momentum sorgen, das dem gesamten Film später das geeignete Tempo verleiht.

Bereits im Treatment kann jedoch der Grundstein für den Rhythmus gelegt werden. Bereits hier legen Sie die Handlungsphasen fest, die entweder das Tempo beschleunigen oder verlangsamen; hier setzen Sie die Wendungen, die der Handlung durch die überstürzenden Neuigkeiten und die Unerwartetheit einen plötzlichen »Schub« oder »Drall« geben. Hier zwingen Sie die Erwartungshaltung des Lesers und Zuschauers durch zusätzliche Komplikationen und Hindernisse in bestimmte Bahnen und manipulieren dessen Erkenntnisinteresse entsprechend.

Beachten Sie, dass Sie diese erweiterte Plotkonstruktion aus den Figuren heraus entwickeln. Es gibt zwei verschiedene Herangehensweisen an einen Stoff: Sie können die Geschichte aus der Plotidee heraus entwickeln oder sie auf die Figuren gründen. Es ist offensichtlich, dass das US-amerikanische Kino eher auf dem Plot beruht und europäische Kinofilme tendenziell stärker die Figuren fokussieren (wenn Sie z. B. *Speed* und *Die wunderbare Welt der Amélie* miteinander vergleichen). Aber letztlich sind solche Diskussionen überflüssig. Denn Figur und Handlung ergeben sich organisch auseinander, wie wir bereits in Kapitel 5.4 über den Aufbau des Exposees gezeigt haben. Wie eine Figur ist, demonstriert sie im Film am besten durch ihre Handlungen und diese sind wiederum dadurch definiert, dass eine bestimmte Figur einer bestimmten Situation ausgesetzt ist – denn jeder würde im gleichen Moment anders handeln.

Leider wird die gerade beschriebene Abhängigkeit von Figur und Handlung immer wieder vergessen. Das kann zu schwerwiegenden Problemen führen. Vor allem wenn die Handlung gerade im langen zweiten Akt durch zusätzliche Komplikationen verstärkt wird und sich diese nicht (beinahe zwangsläufig) aus den Figuren und ihrer Konstellation und den sich daraus ergebenden Konflikten entwickeln, entsteht schnell der Eindruck der Künstlichkeit. Die Geschichte wirkt konstruiert. Die dargestellten Konflikte scheinen aufgeblasen und nur behauptet – ein Eindruck, der unbedingt zu vermeiden ist. Schließlich zielt das fiktionale, filmische Erzählen immer auf eine Plausibilität und eine logisch verknüpfte Illusion unserer Realität.

Wenn Sie vom Exposee zum Treatment übergehen und auch wenn Sie später vom Treatment zum Drehbuch weitergehen – seien Sie nicht zu festgelegt, was den Aufbau Ihrer Geschichte betrifft. Schreiben ist ein Prozess – und dieser ist nie statisch. Je länger Sie sich mit Ihrem Stoff auseinandersetzen, desto intensiver tauchen Sie in die Geschichte ein. Sie lernen die Figuren besser kennen und können die Möglichkeiten, die Ihnen die Geschichte gibt, besser reflektieren. Deshalb sollten Sie flexibel sein und den Stoff »wachsen« lassen. Damit meine ich jedoch nicht eine Ausbreitung in die Länge – Streichungen sind mindestens genauso wichtig wie Ausarbeitungen. Durch eine Fokussierung wird verhindert, dass das Treatment »überfrachtet« wirkt.

Sie sollten jederzeit bereit sein, Änderungen vorzunehmen und Sie sollten dies auch in die Entwicklung einplanen. Allerdings: Falls Sie in diesem Stadium schon eng mit dem Auftraggeber zusammenarbeiten, sollten Sie gravierende Änderungen selbstverständlich immer absprechen. Sie können im gemeinsamen Prozess nicht eigenmächtig in die Struktur eingreifen. Dies mag paradox klingen, schließlich sind Sie der Autor. Aber während des Entwicklungsprozesses sind Sie Teil einer Partnerschaft und nur noch bedingt »Herr« über die Geschichte.

Im Idealfall erzählt sich eine Geschichte trotz ihrer vielen Wendungen so, dass diese sich organisch aus den Geschehnissen ergeben. Alle Erzählpunkte ergeben sich aus den anderen, hängen also logisch zusammen, ohne dass ihre Verbindung bereits im Voraus absehbar wäre. Es muss immer noch überraschend und spannend sein. Der klassische Satz »Geben Sie dem Publikum, was es will, aber nie so, wie es dies erwartet« lässt sich eben nicht nur auf das Genre beziehen, sondern auch auf den Aufbau einer Geschichte.

Die Struktur der Geschichte basiert auf einem zentralen Konflikt. Dieser setzt sich aus mindestens zwei gegensätzlichen Polen zusammen. Aus der Spannung zwischen den Polen ergibt sich eine dynamische Kraft – ein Konflikt ist daher nie statisch und nicht nur deshalb müssen Sie bewegungslose Momente im Plot vermeiden. Sie beschreiben im Treatment einen Prozess, eine Veränderung.

Wichtig ist hier die Unterscheidung zwischen Aktivität und Aktion. Eine Aktion ist zielgerichtet. Sie hat eine bestimmte Funktion, die innerhalb der Geschichte wichtig ist. Eine Aktivität aber ist ziellos – zumindest bezogen auf den Plot der Geschichte. Ob man sich Milch aus dem Kühlschrank holt, ist für den weiteren Verlauf der Geschichte wahrscheinlich unerheblich – es sei denn, es ist Gift darin. Aktivität sollte im Drehbuch eine geringe, im Treatment jedoch keine Rolle spielen, auch wenn Sie sie zur Charakterisierung nutzen können.

Natürlich ist auch im Treatment Ökonomie oberstes Gebot. Sie sollten die Backstory möglichst klein halten und die Einführung ebenso gering. Der Leser sollte schon auf Seite eins wissen, worum es in der Geschichte geht. Das hat zur Folge, dass Sie nur eine kurze Exposition schreiben können, dass der *Inciting Incident*, also das auslösende Moment der Handlung, früh erfolgen muss, und dass das Genre ganz klar und schnell etabliert wird.

Im Treatment können Sie die Exposition jedoch ein wenig ausführlicher gestalten als im Exposee. Milieu, Setting, Atmosphäre usw. können detaillierter eingeführt werden. Zwar entwirft man auch im Treatment noch nicht Szene für Szene, sondern bleibt innerhalb der narrativen Strukturen einer Kurzgeschichte, doch sollten Sie hier schon »einen Blick auf das Drehbuch werfen«: Mit welcher Szene eröffnen Sie den Film? Wie führen Sie in die Geschichte ein?

Es gibt viele Möglichkeiten, ein Drehbuch zu beginnen. Sie können langsam aufbauen oder direkt in einen spannenden Moment springen, wie es z.b. alle *James Bond*-Filme tun. Fast alle amerikanischen Blockbuster fangen mit einer Actionsequenz an. Doch auch ein stilles Drama braucht einen *Hook* (bildlich gesehen einen Angelhaken), etwas, das den Leser sofort in die Geschichte hineinzieht (vgl. z.b. das Fest zum Ausstand aus dem Berufsleben bei *About Schmidt*). Dies kann jedoch auch ein leiser, tragischer Moment sein – schließlich muss er zum Ton der Geschichte passen.

Auch der Ton wird in der Exposition etabliert. Im Treatment kann sich das schwierig gestalten, doch da Sie hiermit den Grundstein für das Drehbuch legen, sollten Sie darauf hinarbeiten. In jedem Fall sollte der Protagonist innerhalb des ersten Absatzes eingeführt werden. Denn beachten Sie, dass Faulkners Aussage nicht nur für Romane gilt, sondern erst recht für Exposees, Treatments und Drehbücher: »Schreib den ersten Satz so, dass der Leser unbedingt auch den zweiten Satz lesen will. Und dann immer so weiter.«

Eine weitere Möglichkeit, den Leser an sich zu binden, ist die bereits erwähnte dramaturgische Technik des *Säens* und *Erntens*. Im Film sollten Sie ohnehin versuchen, den Zuschauer durch dieses Mittel zu »steuern«, hier im Treatment legen Sie den Grundstock dafür. *Planting* und *Payoff*, wie es auch genannt wird, bedeutet, dass Sie eine Information am Anfang oder in der Mitte der Geschichte platzieren, ohne dass dies sonderlich auffällig geschieht. Der Zuschauer nimmt die Information nebenbei auf. Wenn Sie die Information später *ernten*, positionieren Sie diese in einem ganz neuen Zusammenhang und plötzlich erweist sich das vorher ganz nebenbei fallen gelassene »Ich kann spanisch« als rettende Idee. Nur durch die Spanischkenntnisse kann sich der Protagonist aus der bedrohlichen Situation befreien. (Aber fragen Sie mich jetzt bitte nicht, was das für eine Situation sein soll.) Auch wenn Sie vorher gezeigt haben, dass sich eine Pistole in der Nachtischschublade befindet, kann dies dieselbe Funktion erfüllen. Tschechow prägte die Grundregel »Wenn im ersten Akt eine Pistole an der Wand hängt, wird sie bis zum dritten Akt abgefeuert sein«. Wenn Sie in einem Film eine Pistole zeigen, werden Sie diese auch irgendwann benutzen müssen. Der Zuschauer ist mitt-lerweile so geprägt und erwartet dies einfach. Doch bei anderen Motiven, bei denen der Zusammenhang oder die Bedeutung nicht ganz so prägnant ist, kann *Planting* oder *Payoff* besser funktionieren. Der Leser baut selbst die »Brücke« – er macht sich eigene Gedanken und erinnert sich schließlich an die scheinbar zufällige Information am Anfang. Dadurch hat er ein Erfolgserlebnis; er wird in die Erzählung einbezogen und durch seine eigene Beteiligung involviert.

Nebenhandlungen müssen im Exposee weitgehend ausgespart werden – es sei denn, die Auflösung der Geschichte ist eng mit solch einem Subplot verknüpft. Im Treatment nun müssen alle Nebenhandlungen angelegt werden. Selbstverständlich gilt auch hier das Ökonomieprinzip. Jeder Subplot muss eine bestimmte Funktion erfüllen. Er muss eine andere Facette der Hauptfigur zeigen, das Thema der Geschichte aus einem anderen Blickwinkel betrachten, eine wichtige Nebenfigur stützen oder als zusätzliche antagonistische Kraft fungieren. Welche Funktion eine Nebenhandlung auch immer ausfüllt – sie sollte an einem wichtigen Punkt mit der Haupthandlung verbunden werden.

Nebenhandlungen sollten ebenfalls eine dreiaktige Struktur aufweisen und daher mindestens aus drei Szenen bestehen. Wenn Sie im Treatment Ihre Subplots anlegen, sollte Sie aber auch auf den richtigen dramaturgischen Aufbau des Ganzen achten. Konzentrieren Sie sich in der Exposition hauptsächlich auf den Mainplot, andernfalls könnten Sie den Zuschauer ablenken und verwirren. Es wäre ein katastrophaler Fehler, wenn der Zuschauer nach dreißig Minuten eines Films noch immer nicht weiß, welche Geschichte nun eigentlich erzählt wird. Fügen Sie also die Nebenhandlungen erst später hinzu und achten Sie dann aber darauf, dass diese vor Abschluss des Mainplots zu einem Ende gebracht werden. Denn nach Abschluss des Haupthandlung ist das primäre Informationsbedürfnis des Zuschauers gestillt. All das, weswegen er mitgefiebert hat, ist nun zu einem Höhepunkt und einer Auflösung gekommen. In diesem Zustand der »Befriedigung« ist der Zuschauer nun kaum mehr gewillt, seine Aufmerksamkeit der womöglich weitschweifigen Erklärung von Nebensächlichkeiten zu schenken. Und Nebenhandlungen sind solche Nebensächlichkeiten.

Fernsehserien sind hinsichtlich ihres Aufbaus und ihrer Subplotstruktur genau festgelegt (vgl. Kapitel 7.10), Movies und Spielfilme bieten hier einen größeren Spielraum. Insgesamt gilt jedoch: Zu viele Nebenhandlungen können einen chaotischen Eindruck hinterlassen, zu wenige Nebenhandlungen erzeugen oft einen eindimensionalen Eindruck. Für die Strukturierung Ihres Stoffes sollten Sie die Nebenhandlungen nicht als notwendiges Übel, sondern als Chance aufgreifen, mit denen Sie das Spektrum Ihrer Geschichte erweitern können.

Im Treatment wird der Plot stärker aufgefächert und Sie können den Handlungsverlauf viel detaillierter darstellen. Das kann jedoch zu Problemen führen. Im Exposee konnten Sie sich noch elegant zwischen den festen Polen Auslösendes Ereignis, Plot Points I und II, Höhepunkt und Auflösung entlanghangeln. Nun, da Sie mehr Raum zur Verfügung haben, stehen Sie neuen Schwierigkeiten gegenüber. Besonders manifestieren sich diese meist im zweiten Akt. Dieser ist länger als die anderen, hat (bis jetzt) weniger prägnante Wendepunkte und die Hindernisse müssen sich kontinuierlich steigern. Gerade hier hilft es, wenn man diesen Akt in kleinere Einheiten zusammenfasst. Insbesondere wenn Sie, wie Oliver

Schütte es vorschlägt,[13] zwischen den Sequenzen einen Wechsel von positiv zu negativ und umgekehrt vollziehen, bekommt die Geschichte mehr Abwechslung und wirkt dennoch nicht konfus.

Wie aber sind Sequenzen in sich aufgebaut? Streng genommen hat jede Sequenz auch eine dreiaktige Struktur, eine Exposition und einen Höhepunkt. Die Position der Sequenz innerhalb der Geschichte spielt eine wichtige Rolle für deren Inhalt. Steht sie am Anfang, werden Sie noch mehr Gewicht auf die Beschreibung legen und mehr ins Detail gehen, schließlich ist hier noch Expositionsarbeit zu leisten. Später sind die Figuren jedoch schon eingeführt, und sollten Sie in der Höhepunktszene noch Ausuferndes zum Aussehen des Antagonisten schreiben oder das Setting ausschmücken, sollte man Ihnen den Stift wegnehmen – oder den Computer.

Je länger und ausführlicher Sie eine Sequenz beschreiben, desto länger – davon geht der Leser aus – wird sie im Film sein. Deswegen müssen Sie hier die Balance zwischen ökonomischen und dramaturgischen Gesichtspunkten halten. Gestalten Sie eine Sequenz so, dass sie in den Rhythmus des Films passt. Das bedeutet auch, dass Sie am Anfang mehr und am Ende weniger Zeit haben. Auch in der Mitte des Treatments sollten Sie darauf achten, das Sie variantenreich schreiben.

Abgesehen von Sequenzen gibt es eine weitere Möglichkeit, die Struktur des Stoffes einfacher zu planen. Die amerikanische Drehbuchliteratur geht davon aus, dass es in einem 90-minütigen Movie 21 bis 26 *Dramatic Action Points* gibt.[14] Dies sind wichtige Handlungspunkte, die sozusagen das Gerüst der Geschichte bilden. Die eigentlichen *Action Points* bilden gewissermaßen einzelne kleine Sequenzen, die auf vier bis fünf Seiten Drehbuch stattfinden. Natürlich sind solche Zahlen- bzw. Seitenangaben immer mit Vorsicht zu genießen und ich möchte hier auch nicht deren generelle Existenzberechtigung diskutieren – fest steht allerdings: Wenn Sie solche Erzähleinheiten zu Grunde legen, fällt es leicht, das Treatment in entsprechende Einheiten zu zerlegen. Denn immer muss etwas passieren, das die Handlung vorantreibt. Finden Sie die wichtigen Action Points Ihrer Geschichte heraus und positionieren Sie sie. Und wenn Sie diese Action Points später in die Szenenoutline übertragen, ist es dann nur ein weiterer kleiner Schritt auf dem Weg zum Drehbuch.

Falls Sie für das Fernsehen schreiben, gibt es einige vermeintliche Sonderfälle, die Sie aber weitgehend ignorieren können. Das Privatfernsehen finanziert sich durch Werbung, die das Programm unterbricht. Auf diese Werbepausen muss man dramaturgisch reagieren und einen *Cliffhanger* bauen, damit der Zuschauer neugierig auf den Fortgang der Geschichte ist. Bei lang laufenden Serien, in denen die Werbepausen festgelegt sind, wird allerspätestens im Treatment auf die Cliffhanger geachtet. Die Redakteure werden Ihnen dann die genaue Struktur mitteilen. Aber im Normalfall gehen wir einmal davon aus, dass Sie ein neues

---

13   Oliver Schütte: Die Kunst des Drehbuchlesens. 4. Aufl. 2009, S. 74.
14   Richard Blum: Television Writing. 1984, S. 82.

Format entwerfen wollen. Da ist es noch viel zu früh, um über Senderbelange nachzudenken.

Bestimmte Formate haben eine besondere Struktur. Sitcoms zeichnen sich zum Beispiel oft durch einen *Tag* und einen *Teaser* aus, wie zum Beispiel *Cheers*. Ein *Tag* ist ein Anhängsel, das neben dem Abspann oder nach der Hauptgeschichte läuft, mit dem *Teaser* beginnt die Folge – also jener kurze Teil der Geschichte, der vor dem Indikativ, also dem Titel läuft. Falls Sie ein Treatment für eine laufende Sitcom schreiben, müssen Sie *Teaser* und *Tag* dringend mitbedenken. Andernfalls würden Sie mangelnde Professionalität oder Unfähigkeit demonstrieren – denn offensichtlich haben Sie die Struktur des Formats nicht durchschaut. Sofern Sie eine eigene Serienidee entwickeln, ist dies anfangs aber nicht unbedingt nötig.

6.5 Das Setting

Das Treatment beschreibt nicht nur die Struktur sowie die Gedanken und Gefühle der Figuren, sondern auch das Setting genauer. Die aristotelische Forderung nach der Einheit von Handlung, Ort und Zeit ist beim Film aufgehoben, doch auch wenn Sie hier die theoretische Möglichkeit haben, in Ihrem Plot die ganze Welt zu bereisen, sollten Sie dringend von zu häufigen Schauplatzwechseln absehen. Gerade wenn Sie im Exposee das Grundsetting geschaffen haben (also z.B. eine Großstadt, ein Gericht, ein Kaufhaus, eine Insel), dann sollten Sie in der Treatmententwicklung den Blick für den Schauplatz bewahren und dessen Möglichkeiten kreativ ausbeuten. Recherche vor Ort kann Wunder bewirken und Ihnen viele neue Ideen bringen, die Sie in das Treatment einfließen lassen können. Nun, Sie müssen nicht extra auf eine Insel fliegen, um dort zu recherchieren und auch eine Großstadt dürfte wahrscheinlich in Ihrem Erfahrungshorizont liegen. Aber welche typischen »Räume« gibt es in einem Gerichtsgebäude? Welche Ecken kann man innerhalb eines Kaufhauses erzählerisch ausbeuten? Die Bettenabteilung, die Kühlkammer, die Gästetoiletten? Und auch mit dem begrenzten Raum einer Insel sollte man nicht nur in der Grundidee (»niemand kann hier weg«) spielen, sondern kann dies auch weiterführen.

Das Setting hat etwas Symbolisches, oder sollte es zumindest haben. Und diese Symbolik sollte sich auf den Protagonisten beziehen (ist er innerlich vereinsamt und eingesperrt, so dass die Insel als Metapher zu lesen ist?) oder auf das Thema (Kaufhaus als Konsumkritik? – Gut, das ist so subtil wie ein Vorschlaghammer, aber nichtsdestotrotz kann es funktionieren). Da Sie im Treatment beginnen, die Szenen ansatzweise zu planen, sollten Sie hier schon Rücksicht auf bestimmte Metaphern nehmen.

Ebenso sollten Sie vielleicht schon hier einen Gedanken an die Variationsmöglichkeiten der verschiedenen Settings verwenden. Spielt sich ein Großteil der

Handlung nur an einem eingeschränkten Schauplatz ab, kann das unter Umständen sehr interessant sein – dann, wenn es sich um eine *locked room*-Konstellation wie bei *Nicht auflegen* handelt, einem Film, der nur in einer Telefonzelle spielt. In diesem Fall spielen Sie mit den Einschränkungen. Wenn Sie das Setting aber unbewusst eindimensional halten, kann das langweilig werden. Experimentieren Sie mit den Möglichkeiten, auch mit dem Wechsel von Tag und Nacht – aber bedenken Sie immer, dass später daraus ein Film entstehen wird und dass Sie durch den verschwenderischen Umgang mit den Schauplätzen die Produktionskosten nicht künstlich in die Höhe treiben.

6.6 Das Thema

Ein Film ohne Thema wird beim Zuschauer die Frage hervorrufen: »Und worum ging es jetzt eigentlich?« Selbst, wenn der Film amüsant und spannend war, bleibt meist ein schales Gefühl. Dass niemand »seinen« Zuschauer mit einem solchen Gedanken aus dem Kinosaal entlassen möchte, ist ja wohl selbstverständlich. Das Thema ist die zentrale Idee, die der Geschichte zu Grunde liegt (vgl. Kapitel 3). Es manifestiert sich vor allem in der Art und Weise, wie Klimax und Auflösung erreicht werden.

Das Thema ist generell ein weitläufiger Begriff: Was ist der Kern des Stoffes, was ist die zentrale Idee? Worum geht es eigentlich? Im Amerikanischen wird das Thema oft als Prämisse bezeichnet: »Männer und Frauen können nicht miteinander befreundet sein« ist die Prämisse von *Harry und Sally*. Oft klingen die Themenformulierungen, wie sie auch die Drehbuchhandbücher gerne anbieten, beinahe schon einfältig: »Mit Geld kann man Liebe nicht kaufen.« Man kann diese simplen Formulierungsversuche belächeln, aber dennoch ist es sinnvoll, spätestens im Treatment über sein Thema genauer nachzudenken. Dabei hilft eine solch vereinfachte Formulierung sehr.

Viele Autoren schreiben eher spontan und folgen nicht einem bewussten Thema als Leitmotiv. Sie sind vielleicht fasziniert von den Charakteren, die sie geschaffen haben, von einer bestimmten Grundkonstellation, die sie ausformulieren wollen oder vielleicht auch nur von einer bestimmten Szene. Dies kann aus mehreren Gründen problematisch werden, das Thema hat schließlich einen fühlbaren Einfluss auf die Geschichte – es wird u.a. auf den Ebenen der Musik, des Settings, der Inszenierung und natürlich auf der Stoffebene widergespiegelt. Das Thema bestimmt sozusagen die Taktik, nach der der Plot formuliert wird. Für einen überzeugenden und stimmigen Aufbau des Plots (spätestens im Treatment), müssen Sie sich des Themas bewusst sein. Da hilft es durchaus, wenn man durch eine vielleicht auch belächelte Formulierung wie oben auf den Kern seiner Geschichte kommt. Denn aus diesem Kern erwächst die gesamte Geschichte, das

Grundthema setzt sich bis in die kleinsten Verstrebungen des Plots fort. Die extrem ökonomische Erzählweise des Films macht es nötig, ein vieldimensionales, aber gleichzeitig sehr komplexes und kausal zusammenhängendes Kunstwerk zu schaffen, das eine eigene Logik und Struktur hat. Zu dieser gehört auch, dass sich die Subplots, Nebenfiguren und -konflikte auch nach der zentralen Grundfrage richten. Denn nur so erzeugen Sie den Eindruck einer komplexen Einheit, die das Filmkunstwerk (und damit bezeichne ich jetzt auch z.b. TV-Movie-Produktionen) dem Zuschauer nun einmal bieten soll. Denn dieser rekonstruiert aus dem vieldimensionalen Erlebnis mehr oder weniger bewusst einen eigenen Sinnzusammenhang – und dieser sollte nicht durch Fehler, die der Autor in seiner Konstruktion begeht, eingeschränkt werden.

Der fachkundige Leser wird den Stoff auf das Thema hin abklopfen. Ist es plausibel dargestellt und setzt sich das zentrale Motiv konsequent in allen Ebenen durch? Wenn das Thema verschwommen formuliert und nicht klar herausgearbeitet ist, wird dies negativ vermerkt werden.

Als Autor sollten Sie das Thema als kreative Quelle nutzen. Ein Film wie *Manche mögens heiß* hat z.b. als zentrales Thema die Maskerade oder vielmehr: »Nichts ist, wie es scheint.« Dieses Thema wird in allen Facetten durchdekliniert. So wechseln Tony Curtis und Jack Lemmon gleich mehrmals die Kostüme und Identitäten, ebenso Marilyn Monroe, deren Vater Arrangeur (auf dem Güterbahnhof) ist und die vorgibt, von einem berühmten Konservatorium zu kommen (dummerweise ist es dasselbe Konservatorium, das sich Tony Curtis vorher ausgedacht hat – und derjenige, den sie mit ihrem Background zu überzeugen versucht, ist eben Tony Curtis). In *Manche mögens heiß* entpuppt sich ein Begräbnisinstitut als Nachtclub, ein Sargwagen als Alkoholtransporter, ein Golfschläger als Maschinenpistole. Hier verbirgt eine Geburtstagstorte einen Killer, hier wird einer Kapelle beim Spielen die Augen verbunden, hier versteckt ein Mann sich und seinen Anzug unter dem Schaum in einer Badewanne. Die Stellen, an denen sich unsere Helden unter den unterschiedlichsten Stoffen (Leichentuch, Tischtuch, Betttuch usw.) verstecken, sind ebenfalls kaum zu zählen. Vielleicht sind Filme heutzutage nicht mehr ganz so durchkomponiert – aber vielleicht ist auch heute noch *Manche mögens heiß* ein solches Vergnügen, weil der Film so glänzend durchdacht ist. Schließlich ist es auch so, dass solche Motive einen positiven Effekt auf den Zuschauer haben können: Ist dieser sich des Themas und der vielen Motive, in denen es durchdekliniert wird, erst einmal bewusst, liest er den Film mit anderen Augen. Und er wird sich jedes Mal freuen, wenn es ihm gelingt, eine weitere Sinnstufe zu erkennen.

Ein Thema trägt dazu bei, seiner Geschichte »Tiefe« zu geben. Tiefe entsteht durch eine Mehrzahl von Sinnebenen. Also nicht nur durch die Nacherzählung einer Handlung, sondern u.a. durch deren Verortung innerhalb eines Sinngefüges. Dazu gehört auch die Motivation der Figuren, die dazu beiträgt, die Grundhaltung vielschichtiger zu machen. Denn jeder Charakter wird einen anderen Grund haben, sich am Geschehen zu beteiligen.

Wie bereits angesprochen trägt auch der Ort zur Sinngebung bei – sofern er symbolisch aufgeladen ist. Es spielt durchaus eine Rolle, *wo* eine Geschichte angesiedelt ist und auch *wann* sie spielt. Das Thema wird nicht nur in den Haupt- und Nebenhandlungen behandelt, sondern kann auch durch eine *thematische Figur* illustriert werden. Sie müssen einer solchen Figur nicht einmal einen großen Erzählraum einräumen – allein dadurch, dass sie das Thema deutlich besetzt, bekommt es mehr Bedeutung in der Auffassung des Zuschauers.

Sicherlich sind viele der gerade angesprochenen Beispiele nicht im Treatment unterzubringen. Sie sind Teil des Drehbuchs. Doch gerade wenn es um Nebenhandlungen und -figuren geht, sollte sich der Autor so früh wie möglich über sein Thema im Klaren sein.

6.7 Der Subtext

Treatments erzählen auch den Subtext, und zwar viel stärker als das Drehbuch. Dadurch, dass Sie im Treatment die Situation narrativ erzählen, schildern Sie die Zusammenhänge und Gefühle in einer bestimmten Szene ganz explizit. Sie formulieren hier den Subtext vor, den Sie später im Drehbuch umstrukturieren und auf andere Weise vermitteln müssen. Dort sind es zumeist die Dialoge, die diesen normalerweise umschreiben.

Im Treatment schreiben Sie die Gefühle und Einstellungen der Figuren in bestimmten Momenten nieder (allerdings nicht zu ausführlich!). Es würde hier zum Beispiel lauten: »Während er sie in seinem Büro befragt, fühlt sich Sophie unwohl – sie ist von seiner Präsenz eingeschüchtert ...« Im Drehbuch müssen Sie diese Informationen durch einen Transferprozess ganz anders darstellen. Sie müssen anhand des Dialoganteils von Sophie klar machen, dass sie nicht in der dominanten Rolle ist. Ihre Art und Weise, sich zu artikulieren, ihre Körpersprache und ihr Verhalten müssen dies unterstützen.

Geht es im Drehbuch also darum, jeder Szene auf implizite Weise einen Subtext zu geben, wird dieser im Treatment – zumindest ansatzweise – noch explizit formuliert. Vom Autor wird also im Stoffentwicklungsprozess erwartet, den Subtext zuerst zu entwerfen und ihn dann in einer Szene hinter Dialogen und Haltungen der Figuren zu verstecken, ihn zu verschleiern. Aus diesem Grund birgt der Subtext in fertigen Drehbüchern oftmals Probleme in sich.

6.8 Der Stil des Treatments

Gehen wir weiter von unserem idealtypischen Entwicklungsprozess aus, so schreiben Sie auf Basis des Exposees das Treatment. Sie haben also inzwischen zusammen mit den anderen Beteiligten einen Konsens über die Grundidee des Stoffes gefunden. Nun geht es darum, den Stoff in eine spezielle, eigene Form zu bringen, die nur Sie schreiben können. Im Gegensatz zu einem Exposee können Sie hier einen eigenen Stil wählen, das Treatment kann etwas persönlicher und damit spezieller wirken.

Angaben zum Stil sind immer problematisch. Denn auch wenn man noch so viel theoretisches Wissen zu diesem Thema hat, heißt es noch lange nicht, dass man es in der Praxis auch umsetzen kann. Stil ist immer auch an die Persönlichkeit seines Schreibers gebunden, an dessen Sozialisation und Schulbildung, seine Lese- und Schreiberfahrung. Das Treatment macht es Ihnen leicht, einen eigenen Stil zu beweisen und trotzdem einen professionellen Text zu schreiben. Gefordert sind hier keine stilistischen Fingerübungen, keine gestelzten Texte, die vor besonderen Formulierungen zu bersten scheinen. Im Gegenteil, das Treatment erfordert genau wie das Exposee eine klare, simple Sprache, die den Leser unmittelbar trifft.

Nochmals: Im Treatment und Exposee soll man eine Handlung nicht *beschreiben*, sondern *erzählen*. Der Unterschied zwischen den beiden Tätigkeiten ist der, dass eine Beschreibung statisch ist und zum Innehalten anregt. Im Grunde genommen fördert sie sogar die intellektuelle Auseinandersetzung mit dem Beschriebenen – schließlich ist sie eher nüchternen Charakters und wenig emotional. Man kann ein Bild beschreiben. Man kann aber nicht ein Bild *erzählen*. *Erzählen* setzt auch eine Handlung voraus, und das ist es schließlich, worum es bei einem dramatischen Stoff geht. Erzählen ist dynamisch, die Ereignisse kommen ins Fließen. Eine Beschreibung wirkt dagegen fast langweilig und kühl.

Lesen Sie als Übung bewusst Kurzgeschichten. Lesen Sie laut und achten Sie darauf, wie Sprachrhythmus und Wortwahl sind. Achten Sie auf syntaktische Verbindungen und bewusst auf den Klang der Wörter. Normalerweise ist gerade die amerikanische Kurzgeschichte ein passendes Beispiel. Verallgemeinernd (!) lässt sich sagen, dass gerade die neueren Strömungen »filmisch« und eher karg sind. Adjektive sind eher spärlich, detaillierte Beschreibungen der Szenen und Räume fehlen. Dennoch sind die Beschreibungen treffend und lassen Platz für die Interpretation. Wenn Sie das Treatment schreiben, schreiben Sie ökonomisch, streichen Sie alles Überflüssige. Seien Sie ebenso klar und präzise.

Zu weit dürfen die Ähnlichkeiten mit Kurzgeschichten aber nicht gehen: Kurzgeschichten haben zwar auch oft einen dreiteiligen Aufbau, der sich aber über Einleitung, Höhepunkt, Schluss definiert – also der Dramaturgie eines Treatments entgegenläuft. Auch haben Kurzgeschichten oftmals eine überraschende

Wendung oder Pointe am Ende, sie haben meist nur einen Spannungsbogen und umfassen eine viel kürzere Zeitspanne, als es ein Treatment tun kann. Auch wenn Treatments präzise und ökonomisch sein müssen, sollen sie andererseits auch gut zu lesen sein. Denn immer noch gilt: Sie müssen Ihren Stoff verkaufen. Und das tun Sie nur über eine gut erzählte Geschichte. Wenn Sie visuell und plastisch schreiben, spielt sich diese sozusagen als Film vor den Augen des Lesers ab. Ein Effekt, um den Sie sich dringend bemühen sollten. Wird der Leser aus dem Prozess gerissen, kann er zum Beispiel die Geschwindigkeit und den Rhythmus des Plots nicht mehr genau abschätzen. Sie sollten dem strukturell vorbeugen und im zweiten Akt genau dieselben Anstrengungen unternehmen wie beim Drehbuch: Nirgendwo gibt es so große Schwierigkeiten, den Zuschauer bei der Stange zu halten. Wenn man irgendwann gelangweilt auf die Uhr sieht, dann wahrscheinlich hier.

Natürlich können Sie äußerliche Einflüsse nicht ausschalten, denn niemand kann das Telefonklingeln verhindern, doch für textimmanente Ursachen stehen Sie gerade. Wenn der Leser während des Leseprozesses gestört wird, geht nicht nur sein Rhythmusgefühl, sondern auch seine emotionale Bindung an den Stoff verloren, und mit ihr die Spannung.

Der Leser wird vor allem durch vier Dinge abgelenkt: zum einen durch Wiederholung. Versuchen Sie, unnötige Doppelungen zu vermeiden. Sie wollen schließlich den Eindruck einer stetig fortschreitenden Handlung vermitteln. Repetitionen aber bremsen den Fluss. Das Notwendige muss nur einmal gesagt werden.

Redundante Details stören ebenso wie die Wiederholung. Falls Sie die Aufmerksamkeit des Lesers durch Ausführungen ablenken, die nichts mit dem konkreten Plot oder dem jeweiligen Fokus der Szene zu tun haben, wird er womöglich »den Faden verlieren«. Da man beim Lesen eines Treatments erwartet, dass jedes Detail wichtig ist und zu der Handlung gehört, lenken Sie den Leser so auf eine falsche Fährte. Diese Irritationen müssen Sie vermeiden, insofern sollten Sie auch darauf achten, im Treatment nicht doppeldeutig zu sein. Vermeiden Sie ebenfalls eine auktoriale Stimme im Text: »Ich nenne unsere Heldin Sophie. Sophie geht nun also los, um...« Ein eigener Stil bedeutet nicht, dass Sie sich selbst ins Treatment schreiben sollen.

Und bitte: Vermeiden Sie auch Klischees. Das obige »den Faden verlieren« oder »nur noch das Weiße in seinen Augen sehen«, »sein Kreuz tragen« – das sind Allgemeinplätze, die längst ihre Wirkung verloren haben. Sie können Metaphern verwenden, aber nur in geringem Maße. Mit solchen Allgemeinplätzen zerstören Sie nachhaltig den guten Eindruck Ihres Treatments. Schließlich kann sich der Eindruck festigen, dass Sie, wenn Sie schon sprachlich unoriginell schreiben, auch stofflich nichts zuzulegen haben. Es gibt immer einen passenden, genau treffenden Ausdruck! Geben Sie sich Mühe und suchen Sie!

Sparen Sie sich auch jegliche Ironie gegenüber Ihren Figuren. Ironie verweist auf den Autor und erzeugt dazu noch Distanz zu der Geschichte. Ebenso besteht bei der Ironie immer die Gefahr, dass sie nicht verstanden wird. Und letztlich: Ironisch wird der Lektor höchstens später, wenn er Ihr schlechtes Treatment auseinandernimmt.

Ein Treatment wird szenisch geschrieben – wenngleich es zu einem *Bildertreatment* noch ein weiterer Schritt ist. Ein Bildertreatment (vgl. Kapitel 8) unterteilt die Handlung in einzelne Szenen und teilt sie auch formal mit einer *Slugline* ab. Also würde nach der Angabe von z.B. »Schlafzimmer/Innen/Tag« die Inhaltsangabe der Szene folgen – aber immer noch in einer narrativen Erzählweise und selbstverständlich ohne Dialog.

Auch ein normales Treatment muss die Angaben des Exposees transferieren. »Ferdinand ist ein ängstlicher Typ« muss schon ab dem Treatment in Handlung umgesetzt werden. Im Drehbuch später muss es mindestens eine Szene geben, die diese Grundeinstellung der Figur deutlich macht.

Szenischer bedeutet, dass Sie einerseits die Handlung in kleinere Strukturen aufbrechen, andererseits diese plastischer darstellen. Es ist beim Treatment unter Umständen möglich, die Schnitt-Technik des Films auf den Text zu übertragen. Durch das Hin- und Herschneiden zwischen einzelnen Schauplätzen und Szenen können Sie Spannung und Tempo erzeugen.

Zu einem visuellen Erzählstil gehört die richtige Wortwahl! Malen Sie mit Ihren Worten ein Bild der Szene, vermeiden Sie aber zu detaillierte Beschreibungen. Niemand interessiert sich für die genaue Beschaffenheit eines Raumes, niemand will wissen, wo die Bilder hängen und wie die Einrichtung ist. Eine Formulierung wie: »er wohnt in einem Loch« erfüllt den Zweck viel besser.

Schreiben Sie visuell, aber beschreiben Sie die Szenen nicht zu genau. Sie sollten Bilder evozieren – der Leser soll an eigene Erfahrungen erinnert werden und damit selber die entsprechenden Bilder heraufbeschwören. Ohnehin wird der professionelle Leser des Treatments ein Bündel von Assoziationen entwickeln, wenn er Ihren Text liest. Und ein wesentlicher Teil dieser Assoziationen bezieht sich auf bestimmte Filmszenen, die ihm bekannt sind. Jeder Stoffvorschlag wird automatisch in einen bestimmten Filmkontext eingeordnet.

Wenn Sie den Plot nun in kleinere Einheiten einteilen, achten Sie weiterhin auf das große Ganze, auf den logischen Aufbau. Ihr Treatment sollte sich nie wie: »Es passiert das, dann passiert das« lesen, auch wenn der ineinander verzahnte Plot dies tatsächlich bedingt. Treatments sollen zeigen, dass der Autor eine Geschichte erzählen kann – und dazu gehört mehr als die bloße Aneinanderreihung von Momenten. Der Leser soll die Geschichte gerne lesen.

Eine kleine Stilpoetik: Die Sprache des Treatments ist angenehm zu lesen. Sie schreiben nicht zu trocken und nicht sachlich, denn schließlich müssen Sie trotz der nüchternen Sprache einen atmosphärischen Ton treffen. Auch wenn Treatments – ebenso wie Drehbücher – in erster Linie Gebrauchstexte sind, müssen sie dennoch den Leser mitreißen. Ihre Prosa sollte unauffällig und gefällig sein, damit der Leser nicht aus seinem Vorstellungsfluss gerissen wird. Vermeiden Sie Artifizielles. Sie sollten die Emotionen Ihres Lesers immer im Blick haben. Es ist klar, dass auch das Treatment im Präsens verfasst wird. Sie wollen schließlich einen dynamischen, gegenwärtigen Eindruck erwecken. Insofern sollten Sie aktive Verben benutzen. Vermeiden Sie *tote* Verben. Das sind z.B. »machen, tun, sich befinden« oder Formulierungen wie »es gibt«. Von »toten« Verben spricht man, weil diese so allgemein sind, dass ihre Bedeutung fast ins Nichts verweist. Benutzen Sie präzise Verben. Man kann jemandem an die Kehle *fahren*, ihm durchs Haar oder in den Himmel. Daher sollte es statt »ein Wagen fährt heran« eher »ein Wagen rast auf sie zu« lauten.

Sind stellenweise gewisse Umschreibungen durchaus vertretbar, so sollte im Allgemeinen (und durchaus im Widerspruch zu den vielen Leerstellen im Inhalt) gelten: Genauigkeit zählt. Benutzen Sie konkrete Verben, gerade im Treatment und erst recht im Drehbuch. Was ist der Unterschied zwischen »Er rennt zum Auto«, »Er hastet zum Auto« und »Er stolpert zum Auto«?

»Rennen« ist noch eine weitgehend allgemein gehaltene Form, die wir in der Umgangssprache häufig benutzen und die einen recht breiten Freiraum zur Interpretation lässt. Man kann aus Angst, vor Freude, aus Neugier oder um die Wette laufen. Fest steht, dass hier jemand schnell irgendwo hingelangt (es sei denn in Formulierungen wie: »Jemand rennt andauernd zum Arzt«). »Hasten« wiederum beschreibt einen etwas genaueren Rahmen. Hier wird ein bestimmter »Zeitdruck« des Agierenden ausgedrückt, eine überstürzte Eile. Hier wird die Motivation mit ausgesprochen. »Stolpern« nun drückt weniger die Motivation des Handelnden aus, sondern vermittelt eher einen visuellen Eindruck. Der Weg des sich schnell irgendwohin Bewegenden verläuft nicht komplikationsfrei, er strauchelt, fällt fast – vielleicht weil ihm etwas in die Quere kommt oder weil er angeschossen ist oder weil er sich ungeschickt anstellt. Vielleicht sind solche Begriffe im Exposee zu kleinschrittig – schließlich beschreibt man einzelne Szenen nicht ganz so detailliert, doch im Treatment ist eine solche Sprache ein Muss.

Sie sollten keine poetische oder literarische Sprache wählen, sondern sich auf allgemein Verständliches beschränken. Das setzt sich auch im Detail fort. Es heißt auch im Treatment nicht »ein«, sondern »das«.

Meiden Sie Modewörter und Umgangssprache. Es ist natürlich etwas ganz anderes, wenn Sie später im Drehbuch den Dialog verfassen, doch auch dann wird dieser keine Umgangssprache sein, sondern immer noch ein artifizielles Konstrukt, das vielmehr daran erinnert. Alle Flapsigkeiten sollten im Exposee und Treatment fehlen – und damit auch ein Großteil der Umgangssprache. Es kann reizvoll erscheinen, beim Treatment zu einer *Coming of Age*-Geschichte von Problemkindern aus einem sozialen Brennpunkt in den Sprachduktus von Jugendlichen zu verfallen – allerdings funktioniert dies nur in den seltensten Fällen. Zwar kann man auf diese Weise womöglich die Atmosphäre des Settings unterstreichen, allerdings wirken solche Stilversuche meist eher platt und deplatziert. Denn zum einen sind Ihre Leser nicht aus dieser Schicht, zum anderen gelingt es den wenigsten Autoren, die richtigen Idiome zu finden.

Vermeiden Sie Schachtelsätze. Schreiben Sie kurze Sätze! Sätze mit mehr als 15 bis 20 Wörtern, so Ludwig Reiners in seiner durchaus empfehlenswerten Stilfibel, sind zu lang. Der Satzbau im Deutschen ist in Grenzen flexibel. Ich möchte nicht alle Gesetze aufzählen, allerdings darauf hinweisen, dass man durch die Positionierung des Sinnwortes, also des Wortes, das den Sinn des Satzes am besten trifft, dieses besonders hervorheben kann. Die Betonung der Sätze ist am Anfang stärker. Ebenso auffällig wirkt es aber, wenn das Sinnwort am Ende des Satzes steht. Dies können Sie durchaus als Effekt einsetzen.

Schachtelsätze wirken unklar und undefiniert. Sie aber wollen den Leser direkt ansprechen – deswegen ja auch das Präsens-Tempus. Doch auch wenn Sie von Schachtelsätzen absehen sollten, heißt das nicht, dass Sie alle Nebensätze streichen müssen. Ein Text, der nur aus Hauptsätzen besteht, wirkt auf die Dauer ermüdend. Sie sollten ein gutes Wechselspiel finden, aber generell von zu langen Sätzen absehen. Diese wirken unlebendig – es geht Ihnen aber um einen Stil vivant.

Apropos »vivant«: Fremdwörter sollten Sie vermeiden – vor allem, wenn Sie diese auch noch falsch verwenden, wie ich gerade.[15] Es geht um eine klare, aber präzise Wortwahl, die allgemein verständlich ist. Fremdwörter mögen in bestimmten Fällen durchaus »den Nagel auf den Kopf« treffen, aber meist schaffen sie vor allem Distanz oder spielen (gerne durch den vermehrten Gebrauch von Anglizismen) eine vermeintliche (!) Professionalität vor. Ebenso verweisen sie oft auf den Autor, der auf seine vermeintlich hohe Bildung oder auf seinen intellektuellen Gestus hinweisen möchte – Sie sollten sich jedoch nicht in den Vordergrund stellen.

Ludwig Reiners gibt folgende vier Stilregeln an: Schreib treffend, schreib lebendig, schreib klar, schreib knapp. All diesen Regeln sollten Sie bedingungslos folgen. Und hier gilt nicht das Prinzip »Drei von vier tun es auch«.

Seien Sie klar und bestimmt in Ihrer Ausdruckweise. Abschwächungspartikel wie »fast, ungefähr, wohl, kaum« haben keinen Platz im Exposee oder Treatment. Sie entscheiden, Sie *wissen*, wie die Geschichte weitergeht. Sie sind der »Gott« dieser Welt – drücken Sie das auch aus.

Seien Sie auch sparsam mit Adjektiven. Exakte Hauptwörter und treffende Verben erzeugen einen klareren, aktiveren Stil und nicht zuletzt die kürzeren Sätze. Wenn Sie Adjektive wählen, sollten Sie nicht darauf drängen, möglichst interes-

---

15   »Vivant« kommt zwar vom lat. »vivere«, also »leben«. Es bedeutet aber nicht etwa »lebhaft«, sondern »sie sollen leben!« – man benutzt es gegenüber Königinnen und mitnichten, um einen Stil zu beschreiben. Nur im Französischen bedeutet es »lebendig, anschaulich«.

sante außergewöhnliche Wörter zu finden – dadurch erzeugen Sie einen poetischen, lyrischen Stil.

Zu Beginn des Treatments legen Sie den Grundstein für die Einstellung des Lesers. Wie beim Roman wird hier die Rezeption des Lesers festgelegt, denn die Grundsätze der Geschichte und der Erzählweise werden hier geprägt. Dies geschieht nicht nur durch die Auswahl des Einstiegs. Ob Sie langsam und detailliert beginnen oder umstandslos mitten ins Geschehen stürzen, ist nicht nur eine Frage des Genres und Tons der Geschichte, sondern auch des Stils. Hier legen Sie schon Tempo und Rhythmus des Stoffes fest.

Gerade am Anfang des Treatments können Sie mit einer atmosphärischen Schilderung der Umstände beginnen, so dass der Leser möglichst schnell die Situation visualisiert. Also etwa: »Frankreich, Nordseeküste. Heftig brechen sich schwere Wellen an der Steilwand. Über das aufgewühlte Meer rast ein kleines Sportflugzeug auf das Land zu. Die kräftigen Winde setzen ihm zu, es taumelt. Es wird die Klippen niemals überwinden! Doch im letzten Moment...«

Beim Roman und bei der Kurzgeschichte legt man großen Wert auf den Einstieg in die Geschichte. Der erste Satz bekommt so einen Schlüsselcharakter. Er muss faszinierend sein und den Leser in die Geschichte hineinziehen. Der erste Satz sollte direkt einen Konflikt, eine Haltung oder eine Atmosphäre beschreiben oder auf einen bestimmten Umstand hinweisen.[16]

Ein überzeugender erster Satz, der Ton, Stil und Grundkonflikt anreißt, wäre natürlich zu begrüßen, ist aber nicht immer möglich. Oft genug muss man mit einer Zustandsbeschreibung anfangen, in der man kurz Ort und Zeit und schnell die Hauptfigur einführt. Allerdings gibt es Ausnahmen: Bei einem Krimi geschieht traditionellerweise am Anfang ein Mord, dann wird der Ermittler eingeführt, der den Fall schließlich auflöst. Viele Krimis beginnen damit, dass sie zunächst den normalen Lebensablauf des zukünftigen Opfers und dann den Mord zeigen (z.B. eine Frau verbringt einen netten Abend mit Kollegen bei einer Feier und geht dann allein nach Hause. In ihrer Wohnung angekommen, lauert ihr der Mörder auf und bringt sie – natürlich – um). Dann tritt der Ermittler auf, normalerweise ebenfalls in seiner normalen Umgebung (er kommt zu spät ins Büro, ist verkatert und sein unfähiger Chef hasst ihn) und dann erhält er den Auftrag, sich um den Mord zu kümmern. Dies wäre der filmische, der Roman- und der Kurzgeschichtenanfang.

---

16 Z.B. Thomas Glavinic: Wie man leben soll. »An dem Abend, an dem drüben in Amerika die Challenger über Cape Canaveral explodiert, liegt man zum ersten Mal mit einem Mädchen im Bett.« Dieser Satz führt in die Zeit (konkret: Abend; übergreifend: 1986) und den Raum (Bett) ein und gleichzeitig wird hier die ungewöhnliche Sprachkonstruktion deutlich. Denn Glavinic benutzt in seinem Buch nie die »Ich«-Form, sondern immer das unpersönliche, abstrahierte »Man« – ein Kunstgriff, denn er erzählt eine Biografie, in der die Hauptfigur natürlich im Mittelpunkt steht. Beim Treatment sind solche literarischen Kunstgriffe allerdings verboten!

Das Exposee würde nicht auf diese Weise beginnen, wie wir bereits angedeutet haben: Am Anfang würde man sogar die Chronologie umdrehen, da man sich sofort auf den Protagonisten konzentriert. Auch das Treatment würde dem Opfer nur einen Satz schenken, sich aber stärker auf den Kommissar fokussieren. Es soll nicht der Eindruck entstehen, dass die junge Dame im Vordergrund der Geschichte steht. Stattdessen muss die Hauptfigur sofort eingeführt werden – »die junge Verkäuferin Sylvia Schmutz wird nach einer Betriebsfeier in ihrer Wohnung ermordet. Wie üblich verkatert kommt Kommissar XX zum Tatort...«.

Nicht nur der Aufbau des Plots, sondern auch die Sprache trägt dazu bei, Ihrem Treatment einen Erzählrhythmus zu verleihen. Die Vorwärtsbewegung des Plots, das in die Zukunft Gerichtete wird natürlich durch die unkomplizierte Sprache gestützt. Wenn Sie spannende, hochemotionale Szenen schreiben, sollten Sie einen entsprechenden Stil nutzen: Sie erzielen ein hohes Tempo durch nervöse, verknappte Sprache, doch danach sollten Sie dem Leser (genau wie Ihren Figuren) Zeit geben sich zu erholen. Im Roman sind solche Tempoverschärfungen und -entspannungen ein Muss, im Treatment können sie nur bis zu einem gewissen Grad angewendet werden, schließlich fließt die ganze Handlung unaufhörlich dem Ziel entgegen. Dennoch: Eine gewisse Portion von deskriptiven Momenten können Sie durchaus einsetzen.

Rhythmus entsteht durch das Wechselspiel von Erzählzeit und erzählter Zeit.[17] Sie können ganze Zeiträume überspringen und dafür einzelne Momente ausschmücken. Dies geschieht im Treatment durch die Darstellung einzelner Erzählmomente, im Drehbuch durch die Auswahl der Szenen. Auch trägt ein Wechsel von emotionalen und nüchternen Momenten dazu bei, von Konfliktszenen und komischen Momenten. Sie können zudem in der Zeit springen. Flashbacks stören die zukunftsgerichtete Erzählweise – ob sie im Treatment wichtig sind, ist von Fall zu Fall zu entscheiden. Oftmals ist es schwierig, dem Leser zu vermitteln, dass ein Zeitsprung in die Vergangenheit stattgefunden hat. Viele Autoren versuchen, sich mit der Angabe »Rückblende:...« zu behelfen. Ein Mittel, das nicht wirklich überzeugt. Der Leser wird aus dem Prozess gerissen und oft bleibt ihm das schale Gefühl, dass diese Rückblende nicht wirklich nötig war.

Ebenso ein strukturelles Gestaltungsmittel ist der Wechsel zwischen Hauptplot und Nebenplot. Dieser wirkt rhythmisierend, weil er die Erzählhaltung durchbricht und zerstückelt, bzw. dann wieder neu zusammenfügt und verknüpft.

---

17 »Erzählte Zeit« bezeichnet den Zeitraum, der in der Geschichte selbst vergeht, also beispielsweise die sieben Tage der biblischen Schöpfungsgeschichte. »Erzählzeit« bezeichnet den Zeitraum, in dem diese Zeit dargestellt, also dem Leser übermittelt wird. Man kann also auf einer Seite des Romans die gesamte Kindheit seiner Figur abhandeln, auf den folgenden 200 Seiten aber nur einen einzigen Monat seines Alters erzählen. Das Verhältnis von »Erzählzeit« und »erzählter Zeit« nennt man »Erzähltempo«.

6.9 Der Dialog

Schreiben Sie keinen Dialog im Treatment. Auch im Drehbuch ist der Dialog das Unwichtigste, wie man immer wieder zu Recht sagt. Im Exposee hat er gar nichts verloren – im Treatment eigentlich auch nichts. Dennoch gibt es Möglichkeiten, hier einige wenige Dialogstellen einzuflechten.

Halten Sie sich dann aber so kurz wie möglich und bringen Sie nur die zentralen Sätze, die für den Plot immens wichtig sind. Dialogsätze müssen den Geist oder Ton des Stoffes treffen. Dies ist der Hauptgrund, warum man sie überhaupt in das Treatment einfügt.

Gerade bei Komödien bietet es sich an, auf Dialoge zu bauen. Oft sind Witze nur auf diese Weise zu erzählen. Bei Comedystoffen kommt es immer wieder vor, dass sich die Treatments oder Exposees nicht lustig lesen. Das führt den Leser automatisch zu der Frage: »Das ist ein Sitcomstoff. Ich sollte lachen, wenn ich es lese, oder etwa nicht?«

Es kommt jedoch auch darauf an, wie der Stoff angelegt und welche Art von Komik intendiert ist. Wenn Sie sich vor allem auf die Schlagfertigkeit Ihrer Figuren verlassen wollen, können Sie die Komik nur im Dialog vermitteln. Diese Strategie kann erfolgreich sein, allerdings würde ich die Langlebigkeit bezweifeln. Hinzu kommt, dass sich dieser Humor im Treatment verständlicherweise schwer vermitteln lässt.

Figuren sind jedoch immer durch ihre Handlung gekennzeichnet. Handlung transportiert sich zwar auch durch Dialoge, aber nicht nur. Insofern müssten für ein »rundes« Sitcom-Konzept auch entsprechende Konfliktsituationen geschaffen werden, die witzig sind, weil sie der Haltung der Figuren widersprechen. Der Witz einer Situation-Comedy entsteht nicht aus einer vermeintlich witzigen Situation. Der Witz entsteht durch die Figuren. Genauer gesagt: aus der Haltung der Figuren, aus ihrer Sichtweise der Dinge, aus ihrer Einstellung gegenüber der Welt – die mitunter etwas seltsam ist. Die Situationen, in die die Figuren geschickt werden, sind oft relativ durchschnittlich und harmlos. Aber da sie sich seltsam oder anders als der Durchschnitt verhalten, entsteht durch diese Mischung der Witz. Insofern kann auch ein Treatment, das auf Dialoge verzichtet, durchaus witzig sein. Sofern dem Leser die spezielle Sichtweise der Figuren plausibel gemacht wird, kann er sich durchaus visuell vorstellen, was passiert, wenn sich Al Bundy mit einem Rentner-Damen-Kegelclub in seinem Schuhladen herumschlagen muss, oder wie sich der extrem neurotische und von einem Waschzwang besessene Monk (obwohl dies noch nicht einmal eine Sitcom ist) verhält, wenn er einen Verdächtigen durch die Kanalisation verfolgen muss.

Die Filmstiftungen in Deutschland verlangen bei den Drehbuchanträgen zumeist eine ausgearbeitete Dialogszene. Sie wollen sich von der Fähigkeit des Autors, ein Drehbuch zu schreiben, überzeugen. Nicht immer sind die Fähigkeiten, narrativ zu erzählen, ähnlich ausgeprägt wie die, visuell zu erzählen. Ein guter Treatment-Autor ist noch kein guter Drehbuchautor und umgekehrt. Ob man anhand einer kleinen Dialogszene auf ein ganzes Drehbuch schließen kann, mag bezweifelt werden, zumindest aber sind anhand einer solchen Beispielszene der Szenenaufbau, die Figuren und deren Sprache nachzuvollziehen. Für den Fall, dass Sie Ihr Treatment bei einer Filmförderungseinrichtung einreichen wollen, sollten Sie nicht eine willkürliche Szene herausgreifen, die Ihnen einfach besonders gut gefällt.

Es sollte eine Szene sein, die auch im Plot einen markanten Platz einnimmt. Auch wenn es Ihre Lieblingsszene ist, Sie sollten nicht erklären müssen:»Das ist die Szene, in der Paul von Viola den Autoschlüssel bekommt, damit er später ...« Falls es sich in der Szene um derart nebensächliche Handlungsmomente dreht, fragt sich der Leser zu Recht, warum diese überhaupt geschrieben wurde. Damit eine derartige Irritation gar nicht erst aufkommt, sollte der Handlungsmoment also im Treatment deutlich bemerkbar sein, falls Sie nicht ohnehin die entscheidenden Szenen wie den Höhepunkt oder den *Inciting Incident* auswählen. Wenn Ihnen diese Szenen noch nicht so gelungen erscheinen... dann überarbeiten Sie sie, bis Sie zufrieden sind.

Bei den meisten Filmförderungen ist so eine Dialogszene zwar Pflicht, bei anderen Stoffeinreichungen können Sie darauf jedoch verzichten. Eine Dialogszene stellt jedoch durchaus ein Plus dar und niemand wird sich darüber ärgern, wenn Sie eine solche präsentieren. Gerade in ein Konzept kann man eine solche überzeugend integrieren (vgl. Kapitel 7).

Denken Sie an eines: Ein Treatment ist keine Synopsis, es ist keine Zusammenfassung. Das Treatment darf nicht die Geschichte beschreiben. Es muss die Geschichte erzählen!

6.10 Zusammenfassung Treatment

Ein Treatment muss dem Leser folgende zusätzliche Fragen beantworten:

– Wie genau verläuft die Handlung? Was sind die Hindernisse, was die entscheidenden Wendepunkte? Gibt es Ruhemomente für den Leser? Läuft die Geschichte unweigerlich auf das gewählte Ende zu?
– Haben Sie alle relevanten Informationen für die Handlung verraten? Und haben Sie sich auf diese relevanten Informationen beschränkt, oder erzählen Sie ausfernde, detailverliebte Momente, die nichts mit der eigentlichen Handlung zu tun haben?
– Was sind die Nebenhandlungen, wie bauen sich diese auf und wie sind sie mit dem Hauptplot verknüpft? Sind sie allesamt notwendig?

- Wer sind die Nebenfiguren und in welchem Zusammenhang stehen sie zu den Hauptfiguren? Wie sind sie gewichtet? Gibt es genügend Kontraste und Konfliktpotenzial unter ihnen?
- Wie verläuft die Entwicklung der Hauptfiguren? Gibt es eine Wandlung, wodurch wird sie motiviert?
- Lassen sich die Gefühle der Hauptfiguren nachvollziehen? Werden sie bis zum Äußersten getrieben? Kann der Leser die Beweggründe der Figuren nachvollziehen?
- Haben Sie überzeugende Figuren geschaffen, oder sind es nur Stereotypen? Ist auch der Antagonist als realer Gegenspieler nachvollziehbar, oder bleibt er ein bloßes Schwarzweiß-Abziehbild?
- Spätestens hier: Was ist das Thema der Geschichte? Geht es um existenzielle Fragen und ist das Thema von einem breiten Publikum nachvollziehbar?
- Und erst recht: Warum wird man diese Geschichte sehen wollen?
- Was ist die Zielgruppe der Geschichte?
- Haben Sie die richtige Form für die Geschichte gefunden? Wenn Sie einen »bekannten« Stoff erzählen, haben Sie ihn genug abgewandelt? Wenn Sie einen völlig neuen Stoff erzählen, ist er so klar, dass das Publikum ihn versteht oder sollte man vielleicht eine einfachere Variante wählen?

7. Das Bildertreatment oder die Szenenoutline

An dieser Stelle wollen wir uns kurz dem Bildertreatment bzw. der Szenenoutline widmen. Sie stellen ein weiteres Zwischenstück auf dem Weg zum Drehbuch dar, jedoch fungieren sie nur als Arbeitstext, nie als Verkaufsargument. In seinen Grundzügen ist das Bildertreatment dem Treatment sehr ähnlich, so dass auch hier alle Anmerkungen zur Dramaturgie zutreffen.

Wie immer herrscht auch hier ein Begriffschaos und Bezeichnungen und Textarten gehen wirr durcheinander. Szenenoutline und Bildertreatment werden oft synonym verwendet. Sie haben auch große Übereinstimmungen darin, dass beide die Handlung in Szenen einteilen. Allerdings unterscheiden sie sich deutlich – vornehmlich durch die Länge. Ein Bildertreatment ist umfassender und ausführlicher, wie Sie leicht an dem Beispiel im Anschluss an dieses Kapitel erkennen können.

Die Szenenoutline wird schnell als »Outline« abgekürzt und dieser Begriff dann fröhlich weiterverwendet – ohne dass der Unterschied reflektiert wird. Eine Outline ist jedoch eigentlich die extrem verkürzte Darstellung einer Serienfolge auf nur ein oder zwei Seiten. In Großbritannien wird unter der Outline ein Text verstanden, den wir als Exposee begreifen würden. Der feine Unterschied liegt im Fehlen der »Szene« und vielleicht werden die Begriffe deswegen so leicht vertauscht, obwohl sie etwas gänzlich Unterschiedliches darstellen. Im Kern sind sie sich jedoch ähnlich – beide bilden nur einen Umriss, einen groben Rahmen der Erzählung ab. Eine Outline bezieht dies aber auf die gesamte Geschichte, eine Szenenoutline dagegen fächert diese in viel feinere Details auf – der amerikanische Terminus *Step sheet* gibt einen guten Hinweis: Die Handlung wird in einzelne Schritte unterbrochen.

Im Weiteren wollen wir uns der Einfachheit halber auf das weitaus häufigere Bildertreatment konzentrieren – obwohl sich die meisten Argumente auch auf die Szenenoutline anwenden lassen. Ein Bildertreatment ist ein Dokument für den dramaturgischen Leseprozess, ebenso wie für den produktionsgeleiteten. Hier geht es nicht mehr darum, jemanden vom Potenzial der Geschichte zu überzeugen – man ist im Stoffentwicklungsprozess schon viel weiter. Ein Bildertreatment wird dann geschrieben, wenn sich alle Seiten einig sind und erste Buchverträge usw. abgeschlossen sind. Der Verkauf ist getätigt, nun muss das Versprechen sozusagen eingelöst werden. Auf dem Weg zum Drehbuch erweist sich das Bildertreatment als ein nützlicher Schritt. Es ist ein gutes Werkzeug, um den Stoff, den man in Exposee und Treatment entwickelt hat, vorzufiltern: Mit der Einteilung in einzelne, eindeutig definierte Erzählschritte werden bestimmte Elemente viel deutlicher offenbar als beim Treatment.

Wie gesagt: Im weitesten Sinne ist das Bildertreatment ähnlich dem Treatment; es enthält die gesamte Handlung, die Charaktere usw., aber immer noch keinen Dialog. Sein großer Vorteil bzw. seine Weiterentwicklung gegenüber dem Treatment besteht darin, dass es die Handlung des Treatments nun genauer segmentiert. Der Erzählfluss wird erstmals in einzelne Szenen eingeteilt. Sie als Autor treffen hier richtungsweisende Entscheidungen, was den Fluss der Geschichte angeht. Auch wenn das Fernziel – der Höhepunkt der Geschichte und auch ihre zentralen Wendepunkte – feststehen, der Weg dahin wird an dieser Stelle im Detail festgelegt. Hier werden alle Überlegungen noch einmal überprüft und deren Umsetzbarkeit abgewogen. Denn was im Treatment in einem Halbsatz verraten werden konnte, muss vielleicht plötzlich in einer eigenen Szene behandelt werden. Grundsätzlich geht es darum: Welche Informationen verraten Sie an welchem Punkt? Auf welche Art und Weise tun Sie es? Wo werden sich Ihre Hauptfiguren über z.b. ihre Scheidung unterhalten? Im Auto – das Sie als Symbol für gleichzeitig Fortbewegung, also Entwicklung und andererseits als geschlossenen Raum, als Gefängnis sehen können?

Das Bildertreatment schlägt sozusagen die Brücke von den narrativen Texten wie Exposee und Treatment zu den technischen Formaten wie dem Drehbuch. Es befindet sich auf der Mitte des Weges und kann dadurch wertvolle Hilfestellung leisten, wenn es darum geht, die literarischen Informationen in das andere Medium Film zu übertragen – wohlgemerkt ist es nur ein Steinchen auf dem Weg, aber es erfüllt eine ähnliche Funktion wie das *Storyboard* – die Zeichnungen, die die einzelnen Szenen des Drehbuchs erstmals visualisieren.

Das Bildertreatment bricht die Handlung in einzelne Szenen auf und nummeriert diese. Die Szenen werden mit der *Slug line*, manchmal »Szenenkopf« genannt, (also »Innen/Außen, Nacht/Tag« usw.) auch rein visuell abgegrenzt. Dieses Format deutet schon auf das Drehbuch hin. Es evoziert ein filmisches und damit visuelles Denken. Denn in der Slug line (z.B. »Schwimmbad/Außen/Tag«) ist bereits ein Raum-/Zeitverhältnis angedeutet. Dieses sind sozusagen die ersten Koordinaten, um die herum der Leser seine Vorstellung strukturiert. Hier nimmt er die ersten Informationen auf, die ihm einen groben Überblick über die folgende Szene geben. Dann wird der Inhalt der Szene in kurzen, knappen Sätzen zusammengefasst. Es wird beschrieben, *was* passiert. Es wird nicht beschrieben, *wie* der Leser etwas erfährt. Am Ende erhält man sozusagen eine Liste der Szenen samt Inhalt.

Wenn Sie die Handlung nun in einzelne Szenen aufbrechen, sollten Sie dieses sehr bewusst tun. Natürlich steht das Ökonomieprinzip an erster Stelle und damit muss jede Szene dramaturgisch notwendig sein. Jede Szene hat eine bestimmte Struktur, die eine Exposition und eine Auflösung enthalten kann, die aber einen Konflikt enthalten muss. Ebenso hat jede Szene einen Protagonisten, dieser muss aber nicht der Protagonist der gesamten Geschichte sein. Nach Frank Daniel ist jeweils zu fragen: »Wem gehört die Szene?«

Für die Anzahl der Szenen gibt es keine genauen Vorschriften. Zum einen allein deshalb, weil diese unterschiedlich lang sein können, zum anderen, weil jeder Stoff seine eigene Dynamik haben muss – und damit viele kurze oder wenige lange Szenen. Ganz grobe Richtwerte wären ungefähr 12 Szenen für eine Sitcom und damit ein Halbstundenformat. Für ein Stundenformat wären vielleicht 40 Szenen einzukalkulieren und für einen Kinofilm dementsprechend mehr. Dabei ist diese Einteilung auch genreabhängig. Eine Stundenserie wird, wenn sie stark vom Dialog geprägt ist und damit tendenziell einen eher langsamen Erzählduktus oder womöglich etwas »Soapiges« hat, bei diesen 40 Szenen bleiben. Wenn die Serie aber deutlich visuell geprägt und womöglich stark actionorientiert ist, kann es durchaus sein, dass sie doppelt so viele Szenen hat.

Das Bildertreatment oder auch die Szenenoutline sind besonders wertvoll für den Stoffentwicklungsprozess. Durch die Unterteilung in einzelne Szenen bekommt man einen schnellen Überblick über den gesamten Handlungsverlauf und kann diesen relativ einfach umstellen. Gerade die Szenenoutline als abgespecktes Gerüst eines Treatments erweist sich für den Autor als gutes Diagnosemittel. Wenn Sie ein Kartensystem benutzen und auf jeder Karte die Slug line, die Figuren und eine kurze Beschreibung der Handlung notieren, bekommen Sie einen guten Überblick über den Aufbau des Ganzen und die Zusammenhänge zwischen den einzelnen Momenten.

Aus dramaturgischer Sicht werden Abläufe zwischen den einzelnen Szenen nachvollziehbarer. Wie sind Szenen miteinander verbunden? Welche Übergänge gibt es? Entsteht *Momentum,* also ein gewisser »Schwung« oder eine Dynamik während des Lesens?

In der Analyse fallen im Bildertreatment besonders gut die logischen Probleme ins Auge. Sind alle wesentlichen Informationen an den relevanten Stellen genannt worden? Kann man die Informationsverteilung verbessern? Was ist an der Geschichte vielleicht nicht »rund«? Im Treatment kann man solche Prozesse vielleicht noch hinter anderen Informationen verstecken, in der Rückführung auf dieses Gerüst werden sie schnell offenbar.

Szenenoutlines oder Bildertreatments werden nur in einem Entwicklungsprozess erstellt, dessen Regeln und Teilnehmer schon bestimmt sind – sie eignen sich nicht zum Verkauf eines Stoffes. Gerade bei Serienformaten spielen Bildertreatments eine Rolle. Die grobe Struktur der Serie samt ihren Gesetzen steht schon fest. Der Producer hält also vorher Rücksprache mit dem Autor und hat ihn darauf hingewiesen, welche bestimmten Einschränkungen das Format hat. Wie groß ist der Anteil Außen- oder Innendreh? Wie viele Schauspieler gibt es und wie werden diese geführt? Gibt es eine besondere Struktur, die z.B. durch die Werbeblöcke bestimmt wird? Usw.

Aber auch bei anderen nicht-seriellen Formaten kann der Produzent hier schon viel ablesen: Wie viele Sets gibt es und wie oft werden diese bespielt? Wie viel findet draußen, wie viel innen statt – eine durchaus relevante Information, da Außendrehs aufwendiger und daher erstens viel kostenintensiver und zweitens aufgrund z.b. der Wetterbedingungen unkalkulierbarer sind. In der Szenenoutline oder im Bildertreatment kann man besser absehen, wie viele Szenen am Tag und wie viele in der Nacht spielen. Man bekommt einen Überblick über die Größe des Casts und schließlich kann man hier die Kosten der Produktion viel besser abschätzen. Eine endgültige Kalkulation ist aber erst mit dem Drehbuch nötig.

7.1. Beispiel Bildertreatment »Napola«

»Napola«

Treatment[1] für einen Kinofilm
von Dennis Gansel/Maggie Peren
Olga-Film GmbH

1. <u>Montage aus Bildern des 3. Reiches</u>

Adolf Hitler auf dem NSDAP-Parteitag 1936. Er spricht
über die enorme Bedeutung, die die Jugend in seinem
Reich einnehmen soll. »In ihr liegen die Kraft und die
Zukunft! Auf sie hat sich alles zu konzentrieren! Wer
die Jugend gewinnt, der gewinnt auch die Welt!« Ohren-
betäubender Jubel im Off.
Es folgen Farbaufnahmen der weiblichen und männlichen
Jugend jener Jahre bei Spiel, Sport und Freizeit. In
riesigen Kolonnen ziehen sie an ihrem Führer vorbei.
Glanz und Hingabe in den Augen. Die Stimmung unter ihnen ist euphorisch.

Abblende.

2. <u>HJ-Boxheim/Ring - Tag</u>

Aufblende.
Groß auf die Füße eines Jungen, der in rote Stiefel
schlüpft. Groß auf zerschundene Hände, die bandagiert
und in Boxhandschuhe gesteckt werden. Groß auf einen
Mundschutz, der mit sicherem Griff eingesetzt wird.
Einblendung:
Berlin, Wedding, Boxschule der HJ Sommer 1942:

FRIEDRICH WEIMER, 16 Jahre, kommt aus der Umkleideka-
bine und besteigt den Boxring.
Sein TRAINER kommt zu ihm. »In Ordnung Friedrich. Ich
lass dich jetzt mal zwei Runden gegen Otto kämpfen. Du

---

1   Gekürzte Fassung.

weißt, dass er dir überlegen ist, also versuch einfach mal drei Runden zu überstehen, in Ordnung?« Friedrich nickt.
NILS OTTO, 18 Jahre und extrem kräftig gebaut, betritt den Ring. Er hat am Gürtel das Zeichen des HJ-Stadtmeisters und wirft Friedrich einen abfälligen Blick zu.
Trainer: »Nicht zu fest Otto, ich will nur, dass der Kleine das Decken lernt.«
Die beiden treffen sich in der Mitte des Rings, wobei Otto Friedrich zuflüstert: »Von wegen Training, du Hosenscheißer. Dir hau ich jetzt erst mal so einen auf die Fresse, dass de mit deinen Zähnen im Arsch Klavier spielen kannst!« Friedrich sieht ihn verdutzt an. Otto dreht sich grinsend zu seinen Leuten um, die am Rande des Rings Aufstellung genommen haben. Diese kleine Gratisvermöbelung will sich keiner entgehen lassen.
Die Tür geht auf und der Assistent des Trainers holt ihn kurz heraus. »Trainer! Hoher Besuch.«
Trainer: »Otto. Weimer. Einen Augenblick!« Dann verschwindet er.
Kaum hat sich die Tür hinter ihm geschlossen, als Otto Friedrich angrinst. Ein Kumpel von ihm schlägt den Gong und ehe es sich Friedrich versieht, stürmt Otto schon wie eine Dampflok auf ihn los und schlägt wie ein Berserker auf ihn ein. Als Friedrich unter dem Stakkato der Schläge für einen Moment die Deckung runternimmt, haut ihm Otto sofort zwei brutale Linke gegen die Schläfen und eine Rechte auf die Nase. Blut schießt hervor und Friedrich geht zu Boden. Otto dreht sich triumphierend um und lässt sich von seinen Leuten feiern. Das war ein Fest... als plötzlich im Hintergrund Friedrich wieder schwankend auf die Beine kommt. Otto dreht sich um. Unglaublich. Sofort geht er hin und prügelt ihn abermals nieder. Als Friedrich am Boden ist, schlägt er noch mal mit aller Kraft zu, um auch sicher zu gehen.
Er reißt die Arme hoch und seine Leute jubeln. Friedrich im Off: »Moment...« Otto fährt herum. Friedrich hebt protestierend den Arm und kommt mühsam auf die Füße. Sein Gesicht ist stark angeschwollen. Friedrich: »Ich hab noch nicht aus gesagt!« Wutschnaubend geht der Jugendmeister auf ihn los. Traktiert ihn mit kur-

zen Körperschlägen, hämmert brutal auf seine Deckung, bis Friedrich sie kaum mehr halten kann, landet zwei schwere Nierentreffer und platziert dann durch die erlahmende Deckung hindurch zwei schwere Treffer an Stirn und Mund. Friedrich geht zu Boden.

Beifall von Ottos Anhängern. Unbemerkt von ihnen öffnet sich im Hintergrund die Tür und die Trainer kommen wieder mit einer Gruppe hochrangiger SS-Führer herein. Der Trainer sieht den Wettkampf und will sofort auf die Jungen losstürmen, als ein SS-Major im Pelzkragen die Hand hebt und ihm zu verstehen gibt, noch etwas zu warten.

Friedrich im Off: »Du bist eine feige Drecksau!« Der Meister fährt herum. Friedrich hält sich mühsam an den Seilen fest. Friedrich schwach: »Außerdem...schlägst du wie'n Mädchen!« Jetzt rastet der Meister aus. Er stürmt auf Friedrich zu und schlägt auf ihn ein. Friedrich geht auf die Knie. Da tritt Otto mit den Schuhen zu. Vollkommen außer sich. Zwei seiner Kameraden stürmen in den Ring und ziehen ihn mit Gewalt von Friedrich weg, der wieder auf die Beine gekommen ist und ihn mit blutigen Zähnen auslacht. Der Meister tobt: »ICH SCHLAG DICH TOT. VERDAMMT NOCH MAL. ICH SCHLAG DICH TOT!« Nun wird es auch den Trainern zuviel, und sie stürmen auf die Jungs und treiben sie wutentbrannt auseinander. Der SS-Major winkt hingegen einen Adjutanten herein und zeigt auf Friedrich. Major knapp und leise: »Den da!«

3. HJ-Boxheim/Umkleide - Tag

Umkleide. Friedrich wird von seinen Kumpels gefeiert. Er sitzt auf einer Bank und lässt sich das Blut abtupfen. Ein anderer hält einen Kühlbeutel gegen die angeschwollene Augenpartie. Plötzlich kommen die Trainer rein. »Achtung! Hoher Besuch!« Alle stehen stramm, als die SS-Männer den Raum betreten. Der Major sieht sich um und geht dann auf Friedrich zu, der ganz bleich geworden ist, vor so viel militärischem Rang. »Friedrich Weimer?« »Jawohl, Herr Major!« »Nehmen Sie Haltung an.« »Mein Name ist Major Hendrichs. Wo gehen Sie denn zur Schule?« »Auf das Weddinger Realgymnasium!« »Schon mal

von den Schulen des Führers gehört?« Friedrich schüttelt den Kopf. Der Major übergibt ihm eine Karte. »Napola Köslin. Nationalpolitische Erziehungsanstalt des Gaues Ostpreußen.«
Er winkt seinem Adjutanten, der Friedrich einen Zettel überreicht. Hendrichs: »Melden Sie sich dort morgen früh! Dann wird man weiter sehen. Heil Hitler.« Friedrich: »Heil Hitler!«
Der Major geht und alle stürzen sich auf die Karte. Jeder schaut Friedrich ehrfurchtsvoll an. Auch die Trainer. Einer von ihnen: »Dat is die Elite Mensch. Wenn de da fertig bist, kannste Gauleiter werden. Da nehmse nur die allerbesten!« Friedrich blickt ihn an. »Wirklich?« Der Trainer nickt. Dann klopft er ihm anerkennend auf die Schultern.

4. Mietshaus Weimer - Tag

Friedrich kommt durch eine düstere Toreinfahrt in den Hinterhof einer typischen Berliner Mietskaserne. Wäsche hängt an langen Leinen über den Hof. Aus den viel zu kleinen Fenstern lärmt Kindergeschrei. Er betritt einen kleinen Laden, über dessen fleckiger Scheibe »Schuhmacherei Weimer« steht. Weder ein Kunde noch der Besitzer sind da. Dem Geschäft ist auf einen Blick anzusehen, dass seine besten Zeiten schon Jahre zurück liegen. Friedrich: »Papa?«

5. Wohnung Weimer - Tag

Friedrich betritt eine enge und dunkle Mietwohnung. Seine Mutter, eine zierliche Person, die schon um diese frühe Tageszeit müde und abgespannt aussieht, steht in der Küche und schält Kartoffeln. »Hallo Mama.« »Tag Friedrich.« Sie sieht auf. »Mein Gott, was haben sie denn mit dir gemacht?« »Hab mich zu sehr in die Ecke drängen lassen. Sieht schlimmer aus, als es ist.« Die Mutter sieht ihn besorgt an. Friedrich schnell: »Wo ist denn Papa?« »Draußen bei der Latrine.«

6. Hinterhof - Tag

Friedrich steht in dem kleinen mit Gerümpel vollge-
stellten Hinterhof seiner Mietskaserne und redet durch
die geschlossene Tür der Hoftoilette mit seinem Vater.
Er erzählt ihm von dem Boxkampf, von dem Major und dem
Angebot der Aufnahmeprüfung. Er redet mehr mit der
Holztür als mit einer Person. Von seinem Vater hört man
keine drei Worte. Friedrich immer wieder: »Papa, hörst
du mich noch?« Kurzes: »Ja.«
Friedrich: »Papa, wenn ich auf die Schule komm, dann
hab ich's geschafft.« Die Tür öffnet sich und Friedrichs Vater steht vor ihm. »Echt, was denn?«
Friedrich zeigt ihm stolz die fein geprägte Visitenkarte. Sein Vater reicht sie ihm wieder. »Da gehst du
nicht hin!« »Aber, Papa. Ich bin ja noch nicht mal genommen. Verstehst du, das ist für die Elite. Da kann
man hinterher alles werden. Bis zum Gauleiter!«
»Das fehlte noch. Da gehst du auf keinen Fall hin. Auch
nicht zur Prüfung. Ende.«
»Warum denn?« Friedrich rennt hinter ihm her. »Ich will
aber was werden.« Laut: »Ich werde auf jeden Fall später nicht zum Scheißen in den Hinterhof müssen.« »Ja,
weil du dich gleich in einen großen Haufen Scheiße
reinlegst.« Friedrich steht wütend vor seinem Vater:
»Ich schreibe mir alles auf, was du sagst. Ich schreib
alles auf, und irgendwann...«
»Was denn?« Friedrichs Vater dreht sich um und geht ins
Haus. Friedrich steht regungslos da. Das Thema ist ge-
gessen. Keine Diskussion mehr.

Fritz, Friedrichs kleiner Bruder hat mit einem Freund
in der Ecke mit Murmeln Krieg gespielt. Er rennt zu
Friedrich. »Hast du dich geschlagen?« Friedrich dreht
sich um. »Was fragst du denn?« Er zeigt auf die Murmeln. »Du bist gerade dabei eine Schlacht zu schlagen.
Da kannst du nicht einfach aufstehen und wegrennen.«
Fritz sieht ihn irritiert an. So kennt er Friedrich gar
nicht. Fritz: »Ich bin am gewinnen.« Friedrich geht
mit seinem Bruder zu den Murmeln, die je nach Farbe
einfache Landser, Panzergrenadiere, Unteroffiziere etc.

darstellen. Fritz setzt sich wieder hin und würfelt. Eine Eins. Freut sich: »Tot.« Er nimmt eine der Murmeln des Gegners und legt sie in seinen Beutel. Sieht zu seinem Bruder: »Ich bin Deutschland.« Fritz' Freund sieht ihn an: »Ich bin auch Deutschland.« Friedrich: »Nee, du bist Frankreich.« Fritz lächelt seinen großen Bruder selig an.

Friedrich geht ins Haus. Die Karte des Majors verstaut er ordentlich in der Tasche seiner HJ-Uniform.

...

19. Napola/Aula - Tag

In der Aula haben sich jetzt fast 500 Schüler versammelt. Friedrich kommt gerade noch rechtzeitig, bevor sich die Türen schließen und bekommt schon die ersten missbilligenden Blicke der Erzieher. In der Ecke sitzen Peter und die Seinen. Bei ihnen auch der Junge, der Friedrich in die Küche geschickt hatte. Es ist ENGELBERT VON NAYHAUß, 15, der sich höllisch über seinen kleinen Coup freut und Friedrich fies angrinst.

Der Rektor, DR. KARL KLEIN (»Karl der Große«) kommt ans Stehpult. Mit einem Ruck stehen 500 Schüler auf. Karl lächelt. »Setzen!« Mit einem Ruck setzen sich 500 Schüler hin.

Der Rektor hält seine Ansprache zum neuen Jahr. Karl: »Ohne Ansehen der Herkunft werdet ihr hier ausgebildet. Ob Bauern- oder Fabrikantensohn. In dieser Schule seid ihr alle gleich. Die kommende Elite unseres tausendjährigen Reichs!« ... »Jungmannen! Wir sind alle Soldaten! Unsere Ehre heißt Treue zum Führer, heißt Pflichterfüllung für Volk und Vaterland. Von euch wird dereinst Großes erwartet. Stählt Körper und Geist, haltet strenge Disziplin. Lernt gewissenhaft und seid gute, verlässliche Kameraden. Unseren tapferen Soldaten und unserem heißgeliebten Führer Adolf Hitler ein dreifaches...*Sieg...*

...*Heil!!*«

Friedrich ruft laut mit. Noch mal und noch mal. In den aufbrausenden Rufen fühlt er sich als Teil einer unwiderstehlichen Kraft. Genießt es zum ersten Mal, in dieser Anstalt und auserwählt zu sein.
Danach folgt Trommelwirbel. Die Hakenkreuzfahne und das Banner der Hitlerjugend werden gehisst.
Erst jetzt kommt Christoph zur Tür herein. Karl bemerkt dies. Ein missbilligender Blick, aber nicht mehr, was Friedrich staunend zur Kenntnis nimmt. Es stellt sich heraus warum. Christoph singt wie ein junger Gott. Laut, kräftig, einfach wunderbar. Karl lächelt. Offensichtlich, dass der Chor sein ganzer Stolz ist. Am Klavier spielt Engelbert. Er ist virtuos. Seine Hände tanzen nur so über die Tasten.

. . .

29. Napola/Appellplatz - Tag

Alle Jungs sind zum Frühsport angetreten. JOSEF PEINER, genannt »der Peiniger«, Sportlehrer und Anfang 30, scheucht die Jungs über den Platz. Liegestützen, Kniebeugen, eine endlose Reihe an harten Übungen. Hoch springen, die Beine anziehen. Springen, springen, springen.
Peiniger fährt mit einem Rohrstock unter den Beinen hindurch. Wer nicht hoch genug springt, spürt schmerzhaft das Holz. Peiniger genießt seine Position, das Quälen macht ihm sichtbar Spaß.
Friedrich ist sportlich so fit, dass ihm die Übungen nicht so viel ausmachen. Peiniger fährt mit dem Rohstock unter seinen Beinen durch. Setzt den Stock absichtlich weit oben an. Friedrich springt drüber. Lächelt ihn dabei an. Peiniger nickt. So Jungs wie Friedrich liegen ihm.

In dem Moment kommt Jaucher und flüstert Peiniger etwas ins Ohr. Peiniger lässt die ganze Abteilung halten. Geht zum Bettnässer und baut sich vor ihm auf. »Hol die Matratze!« Der Junge, SIEGFRIED, sieht ihn fragend an, dann rennt er los und kommt mit der Matratze überm Kopf zurück auf den Hof. Jeder kann den kreisrunden, nassen Fleck sehen.

»Lass die Hose runter!« Siegfried schüchtern: »Was?« »LASS DIE HOSE RUNTER, SOFORT!« Siegfried lässt vor allen die Hosen runter. »Und jetzt piss!« Stille. »NA WIRD'S BALD!«
Siegfried laufen die Tränen runter. Peiniger lässt alle anderen weiter springen, so lange »bis der Jungmann hier gepisst hat!« Siegfried heult, er kann nicht. Peiniger schreit ihn zusammen, droht ihn verprügeln zu lassen. Macht ihn so lange fertig, bis Siegfried nicht mehr kann und ein dünner Strahl sein Hosenbein herunterläuft bis auf die Matratze. »Na, also! Alle halt!« Die Jungs hören auf. Viele brechen fast zusammen. Peiniger zu Siegfried: »Pack die Matratze und geh mir aus den Augen, du Kameradensau!«
...

56. Napola/Übungsplatz - Tag

Vor einer Tafel erklärt der Waffenlehrer die Funktionsweisen der verschiedenen Handgranatentypen. Die amerikanische Eierhandgranate, die deutsche Langstielgranate usw. Er verdeutlicht das Prinzip: Ring oder Stiel wegziehen und dann den Daumen auf der Sicherung lassen, bis man bereit ist, die Granate wegzuwerfen. Dann: Sicherung loslassen — scharf! Jetzt mit weitem Schwung ausholen und weg damit! Denn nach der Entschärfung dauert es kaum vier Sekunden und die Granate explodiert. Schnitt auf:
Die Jungs stehen in einem kleinen Übungskrater. Der Lehrer verdeutlicht die Funktionsweise jetzt in der Praxis anhand von Holzattrappen. Abziehen, entschärfen, ausholen, werfen und Deckung!
Alle probieren es einmal. »Nun gut!«
Schnitt auf:
Die Jungs in einem 2,50 m tiefen Übungskrater mit speziell abgesichertem Betonkragen. Vor ihnen ein mit unzähligen Sprenglöchern übersätes Feld.

Der Waffenmeister kommt und bringt eine Kiste deutscher Stielhandgranaten.
Einer der JUNGS ist besonders nervös. Kleine Schweißperlen stehen auf seiner Oberlippe.
Der erste Junge ist dran: Zieht ab, entsichert, wirft weg. Alle ducken sich... Woom!
Der Nächste. Dasselbe. Woom!
Der Nächste. Woom!

Der Nächste ist Friedrich. Wie gehabt. Woom!
Selbst Albrecht. Keine Probleme. Woom!
Einer wartet zu lange. Lehrer schreit:»Weg damit!« Der wirft. Woom!
Jetzt der nervöse Junge. Er hält die Granate zwischen seinen schwitzigen Fingern. Schwer liegt das Ding in der Hand. Er reißt den Stiel raus und entsichert. Starrt den Lehrer an. Dieser prescht vor.»Verdammt noch mal. WEGSCHMEISSEN!!!« Doch stattdessen lässt der Junge die Granate aus Angst einfach fallen. Slo-Mo... die Granate fällt genau in die Mitte des Kraters. Drumherum stehen 20 Jungs! Alle blicken entsetzt zur Granate, dann zum Lehrer, dieser starrt den Jungen eine Sekunde fassungslos an, dann brüllt er verzerrt:»Deeeckung!«
Alle stehen wie vom Blitz gerührt da, unfähig sich zu bewegen, als sich endlich einer von ihnen aus der Apathie befreit und sich nach vorne direkt auf die Handgranate fallen lässt, um sie mit seinem Körper zu bedecken. Slo-Mo Ende.
Es ist der Bettnässer!
Nah auf Friedrich, der sich wegdreht. Im OFF eine laute Explosion. Schnitt auf den Lehrer, der sich blutverschmiert und immer noch fassungslos hinsetzt, wobei ihm die Beine wegknicken. Friedrich schaut in die Runde, allen steht der Schock ins Gesicht geschrieben, doch niemand ist verletzt.

57. Napola/Aula - Tag

Alle Schüler haben sich in der Aula versammelt. Karl der Große kommt mit schnellen Schritten hinein und steigt auf sein Pult. Alle stehen mit einem Ruck auf.

Karl blickt sie einen langen Moment an. Schließlich: »Setzen!«
»Wir möchten heute einen Mitschüler ehren, der sich in einer Stunde höchster Gefahr beispielhaft für die Gemeinschaft geopfert hat, indem er sein Leben gab, um das von 20 Kameraden zu retten. Siegfried Glader. Die Gemeinschaft dankt dir und wird dich nie vergessen. Wir werden ihm und seiner glorreichen Tat eine Minute gedenken!«
Drei Jungmannen veranstalten einen Trommelwirbel und alle erheben sich. Das Trommeln hört auf. Schweigen. Gerade mal 15 Sekunden ist es ganz konzentriert, dann schauen die ersten nicht Betroffenen schon wieder auf. Nach 30 Sekunden sind schon ganze Züge gedanklich wieder bei was anderem. Nur diejenigen, die mit im Krater waren, stehen mit Tränen in den Augen erschüttert da. Dann ist die Minute vorbei.
Karl hält den zweiten Teil seiner Rede. »Nach langem Warten erteilt nun endlich auch uns der Ruf des Vaterlandes!« Er verkündet, dass der oberste Jahrgang von der Waffen-SS in den Krieg eingezogen wird. Der gemeinte Jahrgang sitzt mit stolzgeschwellter Brust da. Viele aus Friedrichs Zug blicken neidisch zu ihnen rüber.

58. Napola/Klassenraum - Tag

Die Jungs sind in der Klasse versammelt und haben aushilfsweise bei Vogler Unterricht. Er gibt Aufsätze zurück. Albrecht hat wie immer die beste Note. Friedrich hat eine Drei. Vogler liest Ausschnitte aus Albrechts Aufsatz vor.
Es klopft und Karl der Große kommt mit einem Wehrmachtsoffizier herein.
Karl: »Die Wehrmacht hat einen vorübergehenden Engpass bei einer naheliegenden Flak-Einheit. Es erfüllt mich mit großem Stolz unserer großartigen Armee auf diese Weise helfen zu können und gehe davon aus, dass sich der gesamte Zug freiwillig meldet!«
Alle Arme gehen mit einem Schlag nach oben.

59. Napola/Stube - Tag

Alle springen aufgeregt in der Stube rum und packen ihre Sachen. Am Nachmittag sollen sie schon abgeholt werden. Christoph und Friedrich stehen im Zimmer, beschießen sich mit Wanderstöcken, die sie wie MGs in den Händen halten. Der Tod des Bettnässers scheint angesichts dieser Aufwertung zu »richtigen Männern« schnell verdrängt.

60. Napola/Appellplatz - Tag

Am Nachmittag:
Der gesamte obere Jahrgang wird von der Waffen-SS mit Lastwagen abgeholt. Jubelnd und Späße machend ziehen sie in den Krieg. Die SS-Männer sind dagegen still. Teilweise sind ihre ansonsten so schmucken Uniformen schmutzig oder abgerissen, was die Jungs in ihren blendenden Uniformen etwas verunsichert, aber nicht lange. Unter den eingezogenen Schülern ist auch Jaucher, dem besonders die Stube von Friedrich außerordentlich freundlich zum Abschied winkt. Obwohl es keiner auszusprechen wagt, hofft jeder von ihnen, dass Jaucher so schnell nicht wiederkommt.
Der Zug von Friedrich wird zwei Stunden später von der Wehrmacht abgeholt und in drei LKWs zu unterschiedlichen Flakstationen gefahren.
Ihr zuständiger Unteroffizier FRANZ HALMER, ein gemütlicher, etwas dicklicher Mann um die vierzig, sammelt sie ein. Man ist etwas enttäuscht, hatte man sich doch jemanden mit etwas mehr Schneid erwartet.
Doch sein sympathischer rheinischer Akzent macht die anfängliche Enttäuschung rasch wieder wett.

61. Lastwagen - Tag

Hefe ist ganz aufgeregt. Fragt wie weit es geht. Er hätte sich ja am liebsten gleich zum Afrikakorps gemeldet, aber weit weg wolle er auf jeden Fall. Vielleicht zu den Gebirgsjägern in den Kaukasus oder in die Eisenerzgebiete des Nordpols oder als Fallschirmjäger nach Kreta.

Er sei ja noch nie aus dem Tal herausgekommen, noch nie
über die nächste Hügelkette.

62. Flakstellung - Tag/Nacht

Nach kaum 20 Minuten Fahrt hält der LKW schon wieder.
Sie sind angekommen. Hefe kann es nicht glauben. »Was?
Da sind wir schon? Da kann ich ja zu Fuß nach Hause laufen! Ich dachte, wir bewachen hier kriegswichtige In-
dustrien und kämpfen gegen die Terrorbomber.« Franz ge-
mütlich: »Mensch, sei doch froh, Junge!« Maulend zieht
man in die Unterstände. Die Flakstellung liegt am Rande
eines kleinen Tals, in dem es anscheinend nichts zu
bewachen gibt.
Franz: »Etwa 10 Kilometer weiter liegt eine Außenstelle
der Messerschmidt-Flugzeugwerke. Wir gehören zu einem
Ring von insgesamt drei Flakstellungen, die zur Bewa-
chung des Werkes aufgestellt wurden. Aber keine Angst,
bisher ist noch nie was passiert.« Hefe: »Also auf gut
Deutsch tote Hose!« Christoph: »Mecker nich Hefe, bis
Afrika sinds ja nur noch 2000 Kilometer!« Alle lachen.
Die Jungs, sie sind insgesamt zu zwölft, laden ihre
Sachen ab, dann werden sie von Franz in die 8,8er Flak
eingewiesen sowie eine zur Luftabwehr umgebaute Pak.
Danach ist Ausschachten angesagt, die Splittergräben
müssen erweitert werden. Alle schuften bis zur Dämme-
rung. Anschließend sitzen sie am Lagerfeuer und brut-
zeln sich ihr Dosenfleisch, das mit dicken Laiben Kom-
missbrot verputzt wird. Sie lehnen sich zurück, schauen
in den klaren Sommersternhimmel und fühlen sich das
erste Mal wie richtige Soldaten.
Der dünne Tjaden sitzt zwischen Hefe und Christoph und
redet Unsinn: »Also, wenn die arische Rasse die beste
Rasse auf der ganzen Welt ist. Und Deutschland das beste Land der arischen Rasse. Und wir die Besten der Na-
tion... dann sind wir doch die Besten der ganzen Welt,
oder?« Er lässt einen Furz fahren und alle lachen.

Später: Fast alle sind am schlafen, Friedrich wälzt
sich hin und her und wacht dann auf. Neben ihm liegt
Albrecht und schreibt im Schein einer kleinen Taschen-

lampe einen Brief. Friedrich: »An wen schreibst du?«
Albrecht sieht auf. »An Katharina.« Friedrich: »Wenn
du dich nicht traust, kann ich ihn ihr geben.« Albrecht
schüttelt den Kopf. »Danke. Aber der ist nur für mich.«
Friedrich: »Du schreibst einen Brief, den du nie abschicken willst?« Albrecht schaut ihn an. »Ja.« Friedrich sieht ihn lächelnd an. Dann nickt er.
Der nächste Tag.
Schon morgens strahlende Sonne. Christoph und ein anderer Junge haben Wachdienst. Sie sitzen neben der Pak
und suchen mit ihren Feldstechern den Horizont ab. POV
Christoph: Nur endlos blauer Himmel. Jedesmal wenn sein
Blick die Sonne kreuzt, muss er die Augen zusammenknei-
fen. Nichts. Keine Wolke, gar nichts. Bestes Tiefflie-
gerwetter. Wieder kreuzt er die Sonne.
Friedrich, Hefe und ein paar andere beim Kartenspielen.
Langeweile. Tjaden macht einen seiner Furzwettbewerbe.
Ein Kumpel nimmt mit der Stoppuhr die Zeit. Der Rekord
liegt ungebrochen bei achteinhalb Sekunden. Albrecht
schreibt einen Brief an die Mutter vom Bettnässer.
Zwei weitere pennen. Die Zeit verrinnt wie zäher Ho-
nig...
Plötzlich erscheint Christophs hochroter Kopf im Ein-
gang: ALAAAAARRRM!!!!
Alle zucken zusammen. Die SIRENE jault los. Man springt
auf, haut gegen die Karbidlampen, legt sich auf die
Schnauze, greift nach den Stahlhelmen. Einer reißt die
Latrinentür auf und zieht noch im Laufen die Hose hoch.
Die Kamera ist ganz oben auf der Zwillingspak, die in
Position gebracht wird. Alle stürmen mit roten Ge-
sichtern auf ihre Position, suchen schwer atmend den
Horizont ab, warten auf das Pfeifen der Bomben... das
tödliche Summen der Tieffliegergarben... doch nichts.
Franz steht neben der Pak und klopft Christoph grinsend
auf die Schulter. »Nur nicht einrosten, was?« Hefe, der
nah am Herzkollaps war, atmet schwer aus. »Ne Übung!«

Später. Ein paar von den Jungs sitzen auf dem Grasdach
ihres Unterbaus, blicken runter ins Tal und erzählen
sich wieder gegenseitig Witze. Franz blickt lächelnd
zu ihnen rüber.

Friedrich ist am Ausguck. POV Friedrich: Er beobachtet den Himmel. Immer wieder kreuzt er die Sonne. Nichts zu sehen. Wieder die Sonne. Er stutzt. Geht zurück, kneift die Augen zusammen. War da nicht eben ein kleiner Punkt? Doch außer greller Helligkeit ist nichts zu erkennen. Er schaut weiter, nichts zu sehen. Ein leichter Wind kommt auf und lässt ihn frösteln. Friedrich schaut zurück zur Sonne. Und da ist der Punkt wieder. Größer jetzt. Schnell nimmt er das Fernglas runter und schraubt die Sonnenfilter auf. Dann blickt er wieder hin. Es ist ein Punkt. Etwas nähert sich mit großer Geschwindigkeit aus der Sonne... ein Tiefflieger!! Und er ist schon viel zu nah!! Friedrich reißt das Fernglas runter und hört sich selber brüllen: »ALAAARM!!«
Ruckzuck sind die Jungs auf Gefechtsstand. Fast so chaotisch wie beim ersten Mal. Franz rennt herbei und sieht in die Sonne. Franz: »33 Grad West, 14 Ost. Acht-Achter in Stellung!«
Wie die Berserker betätigen zwei Jungs die Handkurbeln der 8,8mm-Flak, deren schlankes Rohr langsam in den Himmel wächst.
Hefe ist am Funkgerät: »Posten 6-40 an Leitstelle. Feindliche Bodenmaschine im Anflug. Bereiten Beschuss vor. Wiederhole bereiten Beschuss vor!«
Schnitt auf die Maschine: BRÜLLEND lautes Motorengeräusch. Es ist eine amerikanische Lightnings. Die 8 in den Flügeln untergebrachten Maschinengewehre beginnen zu schießen.
Schnitt auf die Flakstellung. Die ersten Garben sausen in die Unterstände. Dreck spritzt auf, alle werfen sich in Deckung. Die Flak beginnt zu feuern und wirft beim Rückstoß die Hülsen aus.

Schnitt auf die Maschine. POV Pilot: Eine schwarze Explosionswolke detoniert vor seinem Fenster. Er betätigt zusätzlich die Bordkanonen.
Flakstellung: Zischend nähern sich die Leuchtspurgeschosse und schlagen jaulend in der Stellung ein. Friedrich betätigt die Pak, die mit ihrem rhythmischen Takt beginnt, ihre leichten Granaten zu verschießen.
POV Pilot: Kleinere graue Rauchwölkchen tauchen in sei-

nem Blickfeld auf. Die Explosionsorte der Pak- Granaten.
Immer näher kommt er der Stellung.
Flakstellung: Das Jaulen des Tiefflegers steigert sich
zu einem infernalischen BRÜLLEN, als der Flieger über
die Stellung hinwegsaust und eine Bombe fallen lässt.
Franz: (mit überschlagender Stimme) »Deckuuung!« Doch
zu spät, die Bombe schlägt in einem Volltreffer in die
Stellung der 8.8er-Flak, wo neben Franz noch fünf andere Jungs stationiert waren.
Eine gewaltige Dreckfontäne spritzt auf und Erdbrocken regnen auf Friedrich herab. Mit entsetztem Gesicht
starrt er auf die Stelle, an der bis vor wenigen Sekunden noch Franz stand, während hinter ihm der Tiefflieger
an Höhe gewinnt und in die Kurve geht. Friedrich: »Deckung!!! Er dreht um!!« Friedrich wirft sich gegen die
Pak und versucht sie zusammen mit seinem Ladekanonier
zu drehen, doch es gelingt nur halb, denn der Tiefflieger
hat schon gewendet und kommt nun nah am Boden herangesaust, von wo aus er erneut das Feuer eröffnet. Hefe,
der die ganze Zeit am Funkgerät war, wird von diesem
plötzlichen Richtungswechsel vollkommen überrascht und
springt mit dem Funkgerät im Arm auf, um im Unterstand
Deckung zu suchen, als er von einer Maschinengewehrgarbe erfasst wird und zu Boden stürzt. Albrecht außer
sich: »HEFEE!!« Der Flieger rast über die Stellung hinweg, hinein in die Sonne und verschwindet so schnell,
wie er gekommen ist. Im Ganzen hat der Angriff keine 45
Sekunden gedauert. Aber alles ist zerstört.

Die Jungs stürzen zu Hefe, der drei schwere Bauchschüsse bekommen hat. Schwarzes Blut fließt aus seinem Mund.
Leberdurchschuss! Hinten am Rücken sind die Austrittswunden zu fühlen. Ein Wundtuch nach dem anderen wird
durchgeblutet. Hefe zittert, seine Augen werden glasig
und wirr. Albrecht redet beruhigend auf ihn ein. »Red
mit mir! Los! Sag irgendwas Hefe, bleib hier. Rede!«
Hefe fängt stockend an, Hauptstädte mit dazu gehörigen
Ländern und ferne Gebirgsregionen aufzuzählen.
Alle versuchen mitzuhelfen, auch Friedrich, aber es hat
keinen Sinn. Hefe zählt weiter mit abwesendem Blick die

Städte und Länder auf, die er nie mehr sehen wird. Dabei wird er immer leiser und leiser, bis er irgendwann ganz verstummt. Hefe ist tot.
Langsam sacken alle in sich zusammen.
Überblendung auf:

63. Lastwagen/Tag

Die Jungs werden auf dem Lastwagen nach Hause transportiert. Niemand lacht.
Die Sitze ihrer gefallenen Kameraden sind leer.

...

71. Napola/Duschraum - Abend

Friedrich und die anderen Jungs stehen unter der Dusche. Plötzlich kommen bei Friedrich die Tränen. Er steht da und weint.
Albrecht: »Alles in Ordnung?« Friedrich versucht einen Ton rauszubekommen, aber es kommt nur ein Schluchzen.
Albrecht: »Weinst du?«
Friedrich schüttelt den Kopf. Albrecht will ihn in den Arm nehmen, aber Friedrich schlägt ihn weg. Weint leise vor sich hin.
Albrecht steht hilflos daneben: »Willst du am Wochenende mitkommen? Mein Vater hat Geburtstag.« Friedrich schüttelt den Kopf.
»Komm mit, da gibt's jede Menge zu essen. Komm' doch mit nächste Woche.« Friedrich schreit ihn an: »Dein Vater ist mir gerade vollkommen egal.«
Er weint. Albrecht nimmt ihn in den Arm. Friedrich weint. Da kommt Peter in die Duschräume und sieht die beiden spöttisch an. »Kuschel, kuschel.«
Albrecht denkt nicht drüber nach, sondern haut ihm eine ins Gesicht. DUSCH! Das hat gesessen. Peter läuft das Blut aus der Nase. Er ist so irritiert, dass ausgerechnet von Albrecht so etwas kommt, dass er die Duschräume fluchtartig verlässt.
Albrecht hält sich die Hand, die sofort anschwillt. »Ohhh.« Dann zu Friedrich: »Hast du das gesehen?« Fried-

rich muss unter seinen Tränen ein klein wenig lachen.
Friedrich: »In Ordnung. Ich komme mit!«

...

74. Haus Albrecht/diverse - Tag

Der Wagen kommt vor Albrechts Haus, einer hochherr-
schaftlichen Villa aus vermutlich ehemals jüdischem
Besitz an. Die BEDIENSTETEN stehen vor der großen Ein-
gangstreppe Spalier. »Oh, der junge Herr Albrecht.«
Friedrich kriegt den Mund nicht mehr zu. Allein die
Eingangshalle ist so groß wie seine gesamte Elternwoh-
nung. Albrecht begrüßt seine Mutter und die Angestell-
ten. Der Vater weilt noch außer Haus. Albrecht muss
die ganze Zeit aus der Napola erzählen, was ihm etwas
unangenehm ist.
Später sind beide in Albrechts Zimmer und ziehen sich
fürs festliche Abendessen um.
Eine Angestellte kommt rein und reicht Friedrich einen
ganzen Berg weißer Handtücher. Er könne nachher auch
baden. Friedrich ist mehr als angetan. Er hält die
Handtücher an die Nase. Mhmm. Die riechen gut.
Plötzlich verändert sich spürbar die Stimmung im Haus.
Der Vater ist da!
Die Jungs treten raus auf den Gang. Unten steht Albrechts Vater. Friedrich blinzelt. Dieser Mann und Albrecht haben so gut wie gar nichts gemeinsam. Albrechts
Vater, HEINRICH STEIN, ist ein charismatischer, groß
gewachsener Mann, mit blitzenden Augen, der gerade aus
einer NS-Versammlung kommt und schon gut was getrunken
hat. »Na mein Junge lass dich mal angucken!«
Albrecht stellt sich vor seinen Vater. Lässt sich be-
gutachten. »Machst du genug Sport?« »Sicher.« Albrecht
sieht seinem Vater in die Augen. Sucht nach ein bisschen Anerkennung. Aber sein Vater scheint jedesmal aufs
Neue enttäuscht darüber zu sein, dass er einen so zart
gebauten, feingliedrigen Sohn hat, der so aussieht, als
wolle er morgen die Priesterweihe entgegennehmen.
Friedrich schaltet sich helfend ein: »Herr Gauleiter.
Wir machen jeden Tag zwei bis vier Stunden Sport!!« Der

Vater sieht zu Friedrich mit seiner kräftigen Statur, den blonden Haaren und roten Wangen. »Dir glaube ich das aufs Wort.« Sie geben sich die Hand. Albrecht sieht zu den beiden. Friedrichs äußere Erscheinung allein reicht aus, bei seinem Vater Eindruck zu machen.
Nach und nach trudeln die Gäste ein. Alles hohe Parteimitglieder. Die Jungs stehen in ihren Napolauniformen da und lassen sich beglückwünschen zu ihrer Schule. Friedrich strahlt über beide Ohren. Wer da alles mit ihm redet, wer sich für ihn interessiert!
Als der Abend vorangeschritten ist, steht Albrechts Vater neben ihm. »Na Jung, was für Sport machst du denn?« Friedrich. »Alles!! Aber am liebsten Boxen!!«
Albrechts Vater dreht sich zu einem jungen Leutnant: »Herbert, ich glaube, hier hast du einen Konkurrenten.« Der Leutnant dreht sich um. Er ist höchstens Anfang dreißig, aber an seiner Uniform glänzen die Orden. Er strahlt. »Ach wirklich?«
Albrechts Vater sieht die beiden an: »Kleiner Wettkampf??«

Schnitt auf:

Den Keller des Hauses. Boxhandschuhe werden ausgepackt. Friedrich und der junge Leutnant haben sich die Hemden ausgezogen und streifen sich die Handschuhe über. Die übrigen Gäste stehen johlend daneben. Der Alkohol fließt in Strömen und dichter Zigarettenqualm liegt in der Luft. Heinrich, Albrechts Vater, freut sich über den Wettkampf.
»Schlag mir den Jungen nicht zu sehr zusammen, ich will auch noch mal.« Er lacht laut. Ein älterer Major übernimmt das Kommando. »Und boxen!!«

Herbert und Friedrich umkreisen sich. Herbert holt aus und Friedrich weicht ihm schnell aus. Anerkennend nickt Herbert Albrechts Vater zu und gibt einen Moment nicht acht. DUSCH!! Friedrichs Rechte kracht ihm mit voller Wucht durch die Deckung und er sinkt zu Boden. Friedrich hört sofort auf. »Entschuldigung, das war nicht meine Absicht. Das wollte ich nicht.« Aber Her-

bert rappelt sich wieder auf, lacht. »Das ist schon in Ordnung.« Er hält sich das Kinn. »Du hast n ganz schönen Schlag drauf!«
Friedrich steht leicht verunsichert da. »Tschuldigung.« Heinrich tritt vor. »Musst dich doch nicht entschuldigen. Wir sind doch stolz auf solche Jungens. Lass mich mal machen!!« Er legt den Arm um Herbert und lächelt ihn an.
Wir sehen Albrecht, der jetzt seinem Vater und Friedrich zugucken muss, wie sie zusammen boxen.
Sie umkreisen sich. Sehen sich an. Friedrich hat schon jetzt von Albrechts Vater mehr Aufmerksamkeit bekommen, als Albrecht die letzten fünf Jahre zusammen.
Sie fangen an zu boxen. Kommen sich näher. Umklammern sich. Halten sich fest. Sind sich ganz nah. So nah wie Albrecht seinem Vater noch nie war.
Albrecht dreht sich weg. Es bemerkt ihn ohnehin keiner. Er läuft die Treppen nach oben und schleicht sich leise davon.
Auf dem Weg zum oberen Stock kommt er am Studierzimmer seines Vaters vorbei. Die Tür ist nur angelehnt. Albrecht sieht sich um. Alle sind im Keller. Leise öffnet er die Tür... und tritt ein. Ein absoluter Tabubruch!
An der Wand hängt eine Tafel mit dem aktuellen Frontverlauf. Überall stecken die Fähnchen der deutschen Truppen.Vom Nordkap bis nach Afrika. Von Frankreich bis nach Minsk streckt sich das Einflussgebiet des Großdeutschen Reiches. Albrecht will schon wieder gehen, aber die Neugier fesselt ihn an diesen verbotenen Ort. Er sieht sich noch ein wenig um.
Er blättert Unterlagen durch, sieht Erlasse, Gesetzestexte, Befehle und Korrespondenzen. Unter einem Stapel Papiere findet er den Umschlag mit seinen Aufsätzen, den er vor Wochen seinem Vater geschickt hatte. Er ist ungeöffnet.
Albrecht steht auf und verlässt das Zimmer.

75. Landschaft vor Haus Albrecht - Früher Morgen

Früher Morgen.
Es hat über Nacht geschneit und die gesamte Landschaft sieht aus wie in Puder getaucht.

76. Albrechts Zimmer - Tag

Friedrich erwacht langsam. Er richtet sich auf und sieht sich um. Albrecht steht am Fenster und guckt zu ihm rüber. »Los, aufstehen du Preisboxer. Es hat geschneit!«

77. Landschaft mit Kiesgrube - Tag

Wir sehen die Jungs, draußen vor dem Haus bei einer Schneeballschlacht. Albrecht schiebt Friedrich eine Ladung Schnee in den Kragen. Friedrich schreit auf, verfolgt Albrecht, der in den Wald rennt. Friedrich hinterher. Albrecht ist leichter, läuft über den Schnee, während Friedrich immer wieder einsinkt. Nach einer Weile kommen sie zu einer stillgelegten Kiesgrube.
Es ist Sonntagmorgen und alles vollkommen still. Albrecht rennt den Abhang runter. Verliert das Gleichgewicht und kugelt den letzten Rest auf dem Hosenboden. Friedrich stolpert hinter ihm her. »Jetzt gibt es kein Entrinnen!« Damit stürzt sich Friedrich auf ihn. Beide gehen zu Boden, landen im weichen Schnee, kugeln sich. Friedrich gewinnt schnell Oberhand. Nimmt Albrecht in den Schwitzkasten, drückt ihn in den Schnee. Albrecht wühlt sich mit der Hand in den Schnee, versucht sich frei zu machen und hat plötzlich etwas in den Händen, dass sich wie eine dicke Wurzel anfühlt. Er zieht daran und bemerkt, dass es der Fuß eines Menschen ist. »Friedrich!!« Friedrich sieht auf. Begreift erst nicht. Gibt Albrecht frei. »Wassen das?« Albrecht schaufelt den Schnee weg und dann eine Ladung Erde. Vier Füße kommen zum Vorschein. Friedrich sieht angeekelt auf die nackten, dunkel verfärbten Sohlen.
Albrecht schiebt den Schnee zur Seite, wühlt die Erde weg. Beide stehen sie vor den freigelegten Füßen. Albrecht geht zu einem Baum, bricht einen Ast ab und dreht damit die Füße zur Seite. Arme kommen zum Vorschein. Kleine Arme eines Kindes.
Albrecht sieht zu Friedrich: »Das ist ein Massengrab.« Friedrich leise: »Albrecht hör auf.« »Warte doch mal.«

Albrecht geht zehn Meter und schiebt wieder Schnee und Erde zur Seite. Hier sind auch noch Leichen. Albrecht geht zehn Meter weiter. Schiebt wieder den Schnee zur Seite. Stößt wieder auf Leichen. Albrecht wird blass: »Das sind ganz viele!« Dann kommt es ihm unvermittelt hoch und er muss sich übergeben.

Friedrich sieht entsetzt auf die weiße Schneefläche, die vor wenigen Minuten noch aussah wie die Kulisse eines Märchenfilms und in der jetzt braune Flecken von freigelegter Erde und Leichenteilen zu sehen sind.

Dann dreht er sich um und rennt weg.

...

83. Napola/Krankenstation - Tag

Friedrich kommt Albrecht besuchen, der in der Krankenstation im Bett liegt und aus dem Fenster starrt.

Friedrich setzt sich ans Bett: »Und geht's dir schon besser?« Albrecht fährt rum. »Ich bin nicht krank.«

Friedrich sieht seinen Freund hilflos an. »Ich mein, vielleicht bist du krank, merkst es aber nicht. Du hast dich ja gestern morgen übergeben.«

Albrecht hitzig: »Sag mal, merkst du eigentlich noch was?«

Friedrich sieht seinen Freund wütend an. »Hör mal. Das da draußen. Das können wir nicht mehr ändern. Wir sind nicht diejenigen, die dafür die Befehle gegeben haben. Also lass mich damit in Ruhe!«

Albrecht fasst Friedrich am Arm. Leise: »Du willst es gar nicht wissen. Denn wenn du dir darüber Gedanken machen müsstest, würdest du anfangen, dich hier nicht mehr wohl zu fühlen! Wenn du nachdenken müsstest, würdest du das hier vielleicht alles in Frage stellen, nicht wahr? Aber ich muss mich damit auseinandersetzen. Ich muss es.« Friedrich weiß, was Albrecht sagen will. Albrecht leise: »Es war mein Vater.« »Nein, Albrecht. Das kannst du nicht wissen.« Albrecht: »Nichts dort geschieht, ohne dass mein Vater davon weiß. Verstehst du? Nichts!« Er sieht ihn an. Seine schmalen Lippen zucken. Friedrich steht auf. »Ich will davon nichts wissen. Du

hörst jetzt sofort damit auf.« Albrecht sieht ihn an.
»Dann geh doch. Los. Lauf weg. Komm schon. Hau ab.«
Laut: »HAU ENDLICH AB!!«
Friedrich sieht ihn an. So kennt er Albrecht gar nicht.
Er sieht ihn an, dann dreht er sich schnell um und geht
hinaus.

84. Napola diverse - Tag

Drei Tage später:
Ein Pimpf kommt mit einem Stapel Schülerzeitungen un-
term Arm die große Treppe herunter. »Der neue Jungmann!
Der neue Jungmann!« Er verkauft etliche Exemplare und
läuft vorbei an mehreren Schülern, die schon eine Zeitung haben und aufgeregt in Gruppen zusammenstehen.
Engelbert kauft dem Pimpf ein Exemplar ab und beginnt
darin zu blättern. Er stößt auf einen Artikel, bei dessen Überschrift er hängenbleibt, und fängt an zu lesen.
Nach ein paar Sekunden schlägt er die Zeitung zu und
rennt Richtung Direktorat.
Inzwischen ist in der gesamten Schule ein Riesentumult
entstanden. Überall stehen aufgeregte Schülergruppen
herum und diskutieren.
Auch Katharina hat eine Zeitung abbekommen und liest
erhitzt den Artikel.
Friedrich steht in der Ecke und schlägt die Zeitung
auf.
»DER JUDE ALS PARASIT IM DEUTSCHEN VOLKSKÖRPER« steht
als Überschrift. Friedrich überfliegt die ersten paar
Zeilen des Artikels.
»Wenn wir den Juden zum Parasiten erklären, so machen
wir aus einer Konsequenz kurzerhand die Ursache. Wir
wollen die Juden vernichten und erklären sie deshalb
zu Parasiten. Ein menschenunwürdiges Verbrechen wird
zur Konsequenz erklärt, ohne dass eine wirkliche Ursache dafür vorliegt. Dem wäre gerade so, als käme der
Richter mit einem Urteil und suchte sich dafür den
passenden Verbrecher. Unabhängig davon ob dieser auch
etwas verbrochen hat. Was für eine verkehrte Welt! Dann
müssen wir auch jeden Deutschen zur Kuh erklären, nur
weil er hin und wieder Salat isst... Wenn wir die Juden

zum Parasiten machen, machen wir uns selbst zum Tier. Denn letztendlich ist es doch nur Tieren vorbehalten, in ihrem Fell Parasiten zu beherbergen.« Friedrich schlägt das Heft schnell zu. Er dreht sich um und rennt in Richtung Stube. »Albrecht?« Er ist nicht da. Friedrich sucht im Waschraum, in der Sporthalle, im kleinen staubigen Redaktionszimmer des »Jungmanns«. Nichts. Er rennt zurück auf den Gang, wo sich inzwischen die GERÄUSCHKULISSE der Schüler immer weiter und weiter steigert, bis mit einer sich...

85. Napola/Rektorenzimmer - Tag

... schließenden Tür Ruhe einkehrt. Albrecht lässt die Klinke los und dreht sich zu Karl dem Großen um, der mit sechs anderen Lehrern im Raum steht und ihn bestürzt ansieht.
»Herr Stein, es ist uns ein Rätsel, wie das passieren konnte! Irgendwie muss auf dem Weg von der Setzung zum Druck ein Individuum Zugang zum Herstellungsprozess bekommen haben und diesen schamlosen, noch dazu anonymen Artikel eingeschleust haben!«
Die Lehrer um ihn herum nicken bestürzt und aufgeregt. Einer: »Sicher der Setzergehilfe. Der machte schon immer einen so kommunistischen Eindruck.« »Ein Skandal«, »unglaublich«, »der Ruf der ganzen Anstalt.« Albrecht: »Ich war es.« Schlagartig wird es ruhig. »Ich habe den Artikel geschrieben.« Es ist vollkommen still im Raum.
...

94. Napola/Waschraum - Abend

Als er den Raum betritt, steht Albrecht am Fenster und sieht durch die vereisten Glasscheiben nach draußen. Friedrich stellt sich neben ihn: »Dummkopf.«
Albrecht starrt vor sich hin: »Ich werde nächste Woche siebzehn. Mein Vater nimmt mich von der Schule und schickt mich zur Waffen-SS. Totenkopfverband. Sie führen zurzeit Sondereinsätze in der Ukraine durch. Vater meint, dort würde mir meine Judenliebe schon ausgetrieben werden.«

Friedrich: »Das macht sicher viel Spaß. Draußen im Schnee zu erfrieren. Nein wirklich.«
Albrecht reagiert nicht.
Friedrich tritt näher an ihn ran. »Weißt du, wieso die kleinste Eidechse mehr im Hirn hat als du?« Albrecht reagiert nicht. Friedrich fängt fast an zu weinen: »Was hat dir denn das jetzt gebracht? Jedes Exemplar deiner dummen Zeitung ist schon im Küchenofen. Die meisten haben den Artikel gar nicht lesen können, da hatte man ihnen die Zeitung schon weggenommen.«
Albrecht reagiert nicht. Friedrich stößt ihn an: »Du hast mir das doch beigebracht, oder? Wie war das denn mit dem Tierreich und der Anpassung??«
Albrecht dreht sich zu Friedrich um: »Ich habe meine Meinung eben geändert.«
Friedrich: »Ach so, du hast deine Meinung geändert. Mal kurz eben so, ja? Soll ich dir was sagen!? Niemandem hast du damit geholfen. Niemandem!«
Albrecht: »Doch.«
Friedrich: »Ja? Wem denn? Sags mir. Wem denn? Ich verstehs nämlich nicht.«
Albrecht: »Ich hab's für mich getan.«
Friedrich ist fassungslos: »Ach so für dich, ja? Entschuldigung. Sonst hast du dabei aber an niemanden gedacht, oder?« Friedrich ist so wütend, dass er Albrecht eine reinhaut. Albrecht bewegt sich nicht. Friedrich schlägt ihn erneut. Albrecht schlägt seine Hand weg. Friedrich beginnt mit den Fäusten auf ihn einzutrommeln. Albrecht schlägt zurück. Sie rutschen an der Wand runter. Prügeln sich auf dem Boden. Rollen über die Fliesen. Sie sind wie zwei Boxer, die sich ineinander verkeilt haben. Keiner will den anderen loslassen. Beiden stehen Tränen in den Augen.
Sie klammern sich fest. Pressen sich gegenseitig die Luft ab. Ihre Gesichter sind nah aneinander, fast wie die von zwei Liebenden. Friedrich leise, ganz nah an Albrechts Ohr: »Du bist der einzige Freund, den ich hab.«
Beide weinen. Die Wut ist weg, was übrig bleibt, ist nur noch Traurigkeit.

Langsam fährt die Kamera von ihnen weg und lässt die beiden Freunde allein.

...

98. Am See - Morgen

Die gesamte Stube steht in ihren Wintersachen unten am See, in dessen zugefrorene Oberfläche Peiniger zwei zehn Meter voneinander entfernte Löcher hacken lässt. Ein Hanfseil wird ins Wasser geworfen und durchgezogen. Schnitt auf Unterwasserkamera: Der See ist dunkel und still. Kleine Luftblasen tanzen unter der dicken Eisschicht.

»Ausziehn!« Die Jungs starren Peiniger an. Dann merken sie, dass er es ernst meint. »Wer fertig ist, abtreten zum Waschen und Frühstück!« Die Jungs ziehen sich bis auf ihre Sporthose aus. Christoph ist der Erste. Er steigt in das Wasser. Die Kälte verschlägt ihm den Atem. Binnen Sekunden sind seine Beine blau angelaufen. Er holt tief Luft und taucht dann hinab in die eisige Kälte. Der Nächste. Friedrich macht sich fertig. Alle frieren in der Winterlandschaft in ihren kurzen Hosen wie die Schneider.

Einer nach dem anderen taucht nun ab. U-Kamera: Die Jungs hangeln sich am Hanfseil entlang. Wir können die eisige Kälte förmlich spüren. Friedrich ist dran. Er holt tief Luft und lässt sich dann nach unten gleiten, greift nach dem Seil und taucht.
Albrecht ist dran. Er steigt ins Wasser. Lässt kurz seine Füße baumeln. Blickt nach unten. Dann gleitet er hinein. Friedrich kommt am anderen Loch an und zieht sich schnell raus. Blickt sich um. Wo ist Albrecht? Unter Wasser: Kamera nah bei Albrecht. Er ist der Letzte. Er sieht sich um. Eine lautlose, völlig friedliche Welt. Er blickt nach oben zur Eisschicht, auf das weiche, sanft gebrochene Licht und die kleinen Luftperlen, die zwischen Wasser und Eis langsam hin- und herschweben. Albrecht schließt für einen Moment die Augen und

hört nur auf die ihn umgebenden Geräusche... dann öffnet er die Augen... blickt noch einmal zum Seil... und
lässt es dann los. Friedrich sieht Albrecht von oben
langsam abtreiben. Friedrich: »ALBREEECHT!«

Albrecht hört unter Wasser gedämpft Friedrichs Schrei.

Oben rastet Friedrich aus. Er sieht den Körper seines
Freundes unter dem Wasser davontreiben.

Er schnappt sich die Spitzhacke und versucht wie ein
Wilder weitere Löcher ins Eis zu hacken, doch er hat
keine Chance. Friedrich sinkt heulend auf die Knie,
fegt den Schnee zur Seite und legt seine Hand auf die
Eisoberfläche.

Albrecht sieht die Umrisse seines Freundes und dessen
Hand. Er hält seine Hand von unten dagegen. Für einen
winzigen Augenblick bleiben ihre Hände aufeinander.
Dann wird Albrecht abgetrieben.

Oben auf der Oberfläche schreit und weint Friedrich.

. . .

100. Napola/Redaktionszimmer Jungmann - Nacht

Es ist spät in der Nacht. Friedrich kommt leise in den
Raum der Schülerzeitung geschlichen und sieht sich um.
Die lange Liste der Todesmeldungen liegt noch auf dem
Schreibtisch.
Aus dem Zug über ihnen sind schon mehr als zwei Drittel
gefallen.
Friedrich setzt sich hin und beginnt einen Nachruf für
Albrecht zu schreiben.

. . .

103. Napola/Aula - Tag

Wie am ersten Schultag haben sich auch heute am letzten Schultag vor Weihnachten alle in der Aula versammelt. Die Banner der HJ, die Hakenkreuzfahnen und die Fahne der Napola Köslin sind gehisst. Karl der Große hält eine flammende Rede. Er spricht vom Heldenkampf der eingeschlossenen Truppen in Stalingrad. Es ist die erste große sich abzeichnende Niederlage der Deutschen seit Ausbruch des Krieges. Danach spricht er von den Helden des Flakeinsatzes und vom Heldentod einzelner Oberschüler an der Front. Einige haben es in der kurzen Zeit schon bis zum Leutnant gebracht. Er spricht von der Zukunft des Großdeutschen Reichs. Den Chancen, die jeder Einzelne hier hat.
Wir sehen die Gesichter der Jungen, die neben ihren Eltern sitzen. Nicht wenige von ihnen sind wichtige Parteimitglieder. Frauen in Pelzmänteln. Männer in hochrangigen Uniformen.
Der Chor singt. Die Stimmen der Jungen klingen hell und schön im großen Raum...

... als von oben ein Blatt Papier geflattert kommt. Es trägt das Bild von Albrecht mit seinem Geburts- und Todestag.

Noch ein Blatt fällt runter. Eine Frau im Pelzmantel nimmt es auf, überfliegt es und lässt es dann schnell wieder fallen.
Aber es kommen immer mehr Blätter und einige der Anwesenden sehen nach oben.

Dort auf dem Balkon, hoch über der Aula, steht Friedrich und wirft die Blätter herunter, die sich über den Bänken verteilen und den Leuten in die Gesichter wehen.

Immer mehr. Ein Papiersturm. Pimpfe sehen nach oben. Eltern gucken sich verwirrt an. »Was ist denn hier los?«
Peter hat ein Blatt in die Hand bekommen und rennt sofort die Treppen rauf nach oben. Alle Anwesenden heben

nach und nach die Köpfe. Der Chor gerät ins Stocken und verstummt dann ganz. Die Unruhe steigert sich zum Tumult.
Karl der Große dreht sich um und sieht zu Friedrich.
»Friedrich!!«

Wir hören den Schrei, der fast etwas Verzweifeltes hat und sehen die Hände von Friedrich, die die letzten Blätter verteilen, bevor er von Peter zu Boden geworfen wird.

104. Napola/Rektorenzimmer - Tag

Karl der Große sitzt hinter seinem Schreibtisch, als Friedrich von Peter, Peiniger und Vogler ins Zimmer geführt wird.
Sie überlassen Friedrich dem Rektor und schließen hinter ihm die Tür.
Friedrich steht vor Karl dem Großen. »Zieh deine Sachen aus und leg sie hier auf den Stuhl.« Friedrich beginnt sich auszuziehen. Den Mantel, den Dolch. Alles.
»Die Unterhose gehört auch zu uns.« Friedrich zieht sie aus.
Karl: »Wegtreten.«

105. Napola/Flur - Tag

Friedrich läuft nackt den Gang entlang zu seiner Stube.
Die Jungs gucken verstohlen aus ihren Türen.

106. Napola/Stube - Tag

Friedrich betritt die Stube. Tjaden und Christoph tun so, als müssten sie packen. Sehen ihn verstohlen von der Seite aus an.
Friedrich holt seine Zivilkleidung aus dem Schrank.
Seit Jahren hat er die Uniform der Hitlerjugend und in den letzten Monate die der Napola getragen.
Er schlüpft in seine Sachen. Sie sind ihm inzwischen zu klein geworden.
Plötzlich sieht er aus wie ein kleiner Junge, der gera-

de mal sechzehn Jahre alt ist und aus einem Arbeiter-
viertel in Berlin-Wedding stammt.

107. Napola/Landschaft - Abend

Er geht an den anderen vorbei und wird von Peiniger zum
Hinterausgang begleitet.

Es schneit leicht. Friedrich läuft über den Hof und dreht
sich noch einmal um. Hinter ihm liegt die Schule.

Dann dreht er sich wieder um und geht weiter und wei-
ter, bis die Schule hinter ihm verschwindet und er zur
Landstraße kommt. Dort wird er warten. Warten, bis ein
Auto kommt, das ihn mit bis nach Hause nehmen wird.

Ende.

8. Das Serienkonzept

Unter dem Begriff »Konzept« fasst man alle Textformen zusammen, die neben dem »reinen« Exposee- oder Treatmenttext weitere Elemente aufweisen, also zum Beispiel eine Figurenbeschreibung, Angaben zu Ton und Erzählweise o.Ä. Damit bietet das Konzept eine Mischung aus narrativen Techniken, wie zum Beispiel dem Treatment, Visualisierungstechniken (*Ton, Look*) und Verkaufsargumenten, also Reflektionen darüber, welche Zielgruppe das Produkt aus welchen Gründen sehen möchte.

Ein Konzept wird selten für einen Einzelstoff geschrieben, höchstens dann, wenn es sich um einen besonders aufwendigen Stoff handelt. Dann benötigen Sie für die Realisation entsprechend größere Finanzmittel, so dass Sie den potenziellen Geldgeber womöglich stärker überzeugen müssen. In diesem Fall können die detaillierteren Informationen des Konzepts gute Argumente liefern. Meist jedoch werden Konzepte für Serienstoffe geschrieben – nur hier werden die Informationen annähernd adäquat vermittelt, die für die Entwicklungs- oder Produktionsentscheidung einer aufwendigen Serie notwendig sind.

Noch immer wird in manchen Kreisen das Schreiben für das Fernsehen geringer geschätzt als das Schreiben für das Kino. Sicher – für einen Autor hat es gewiss eine besondere Bedeutung, wenn der eigene Name groß auf der Leinwand genannt wird. Im Fernsehen verschwindet er hinten im Abspann, den ohnehin kaum jemand liest. Aber ganz abgesehen davon, dass die Serie in den USA als »Königsdisziplin« gilt – das Schreiben einer Serie kann viel komplizierter und anspruchsvoller sein als das Schreiben eines Kinofilms. Schließlich hat der Autor ja nicht nur die eine Folge, sondern einen langen Ablauf im Blick. Gerade bei den industriell gefertigten Formaten wie Soaps oder Weeklys wird eine ganze Welt entworfen, deren Kosmos weitaus umfassender ist, als der eines Einzelstoffes. Um dieses zu leisten, benötigen solche Formate ein kompliziertes System aus Headautoren, Storylinern, Story Editoren, Treatmentlinern und Dialogbuchautoren. Aber auch eine »normale« Serie hat durchaus ihren Reiz, wenn es dem Autor gelingt, das jeweilige Format, also die eigenen Regeln und Gesetze jeder Serie, immer wieder mit Leben zu füllen. Hinzu kommt auch der monetäre Aspekt – in Deutschland kann man mit dem Schreiben für das Fernsehen seinen Lebensunterhalt sicherlich einfacher verdienen als mit Drehbüchern für Kinofilme.

Normalerweise wird eine Serie im Ansatz von einem Autor entwickelt. In Deutschland wie auch in den USA oder Großbritannien ist es aber nicht immer üblich, dass der Autor, der die Serienidee hatte, auch gleich die Serie schreibt. Zeitlich ist dies kaum zu schaffen. Dennoch findet man aber auch so Wege, um diesen »Verlust« zu kompensieren.

Hinter einer Serie steckt ein viel größeres finanzielles Risiko als hinter einem einzelnen Movie. Um eine Produktionsentscheidung zu erleichtern oder überhaupt erst möglich zu machen, sollten Sie eine entsprechend ausführliche »Bewerbung« abliefern. Ein solches Serienkonzept enthält viel mehr Informationen. In einem kurzen Pitch am Anfang können Sie direkt formulieren, worum es bei Ihrer Serienidee geht. Dann kann eine Kurzbeschreibung der (Haupt-)Figuren folgen, eine Beschreibung des Settings und des Tons, dann eine ausführliche Beschreibung der Figuren. Schließlich folgt der Inhalt der Pilotfolge als Exposee, schließlich der Ausblick auf mindestens fünf oder sechs Folgen.

So wird der Leser langsam an die Idee herangeführt. Die Informationsdichte wird langsam gesteigert und ständig müssen Sie den Leser so *antriggern*, dass er immer mehr wissen möchte.

Jeder Stoff benötigt seine individuelle Präsentation! Die im Folgenden genannten Teile sind üblich, allerdings nicht in jedem Stoffvorschlag enthalten und ebenso kann ihre Anordnung variieren. Wie aber sehen nun die einzelnen Abschnitte des Konzepts aus – und was sollten sie umfassen?

8.1. Die Idee

Unter diesem Punkt kann die Grundidee der Serie dargestellt werden. Sie können die Gründe formulieren, warum Sie diese Serie erzählen wollen (abgesehen vom Geld!). Was hat Sie zu der Idee geführt? Was wollen Sie zeigen, was aussagen?

Hier können Sie das Ziel der Geschichte formulieren oder den philosophischen Hintergrund darstellen. Sie können Ihre Idee in den Zeitgeist oder in das Geschehen in Deutschland generell einordnen:»Eine realistische, ehrliche Serie über das Arbeitsamt! Angesichts der deutschen Wirtschaftslage, der steigenden Arbeitslosigkeit, Sozialdruck, usw. kann sich der Zuschauer sofort damit identifizieren.« Das wäre eine Begründung für Ihre Idee – aber Sie sollten dringend auch andere Blickwinkel reflektieren. Denn man kann dieser Argumentation auch entgegnen, dass der deutsche Zuschauer eine solche Serie genau aus diesen Gründen *nicht* sehen will. Schließlich ist er in der Realität mit der Tristesse des Arbeitsamtes oder eines möglichen Jobverlustes konfrontiert – und legt daher wenig Wert darauf, sich am Feierabend auch noch mit diesem Thema zu beschäftigen (vgl. dazu auch Kapitel 3).

8.2 Das Format

Diese Rubrik unterscheidet sich nicht wesentlich von der vorherigen, allerdings können Sie hier die Grundidee ein wenig genauer spezifizieren. Was macht die

Serie aus, worum geht es? Sie können Ihre Zielrichtung formulieren, sich aber vielleicht auch über das Genre auslassen. Der Schreibstil sollte dem Genre entsprechen. Wenn Sie eine Sitcom schreiben, sollte auch der Kurzinhalt warm und lustig erzählt werden. Falls es sich um einen Thriller handelt, sollten Sie packend und dramatisch schreiben.

Wenn Sie hier das Format vorstellen, präsentieren Sie auch das zu erwartende Ergebnis. Neben der Prämisse stellen Sie aber auch den Ton und den Stil vor, in dem Sie die Serie erzählen wollen. Werfen Sie einen neuen Blick auf ein altbekanntes Thema? Oder entwerfen Sie eine souveräne, gediegene Serienidee? Dazu später mehr.

Der Verkauf einer Serienidee ähnelt letztlich einem *High Concept*-Pitch. Damit beschreibt man Stoffe, deren Grundidee man in nur wenigen Wörtern zusammenfassen kann, also *Titanic* oder *Con Air*. Das wirkliche Herz der Serie, die Charaktere, entwickeln Sie aber erst später. Oft kann man diese *High Concept*-Idee als *Logline* in das Serienkonzept integrieren. Falls es der Autor selbst nicht schreibt: Der Lektor wird später in seinem Lektorat eine solche Logline formulieren, die da heißen kann »*Miss Marple* meets *Moonlightning*« oder Ähnliches. Das ist nichts anderes als ein High Concept. Allerdings sollten Sie selbst bei derartigen Formulierungen aufpassen und nicht unbedingt andere Serien- oder Filmtitel aufführen. Es kann passieren, dass dies als Originalitätsverlust gedeutet wird.

Wenn Sie selber versuchen, die Idee hinter Ihrer Serie in einem Satz zu formulieren, können Sie dies durchaus als Test auffassen – falls Sie einen ganzen Absatz benötigen, um die Essenz der Serie darzustellen, sollten Sie Ihren Ansatz dringend noch einmal überdenken: Niemand wird Ihnen eine Serienidee abkaufen, die da lautet: »Auf der Jagd: Die hochemotionale und dramatisch spannende Geschichte eines drogensüchtigen, notorischen Spielers, der eine wahnsinnige Massenmörderin verfolgt – seine Mutter –und dabei zwischen Pflichtbewusstsein, Selbstzweifeln und Allmachtsfantasien aufgerieben wird – all dies in der post-nuklearen Wüste von Paris im Jahre 2050, erzählt im Stil eines film noir.« Welches Publikum sollte eine solche Serie sehen wollen, geschweige denn überhaupt den Inhalt nachvollziehen können?

8.3 Kurzinhalt

Ob Sie nun »Idee«, »Format« oder »Kurzinhalt« sagen – alle drei Punkte tauchen immer wieder in Konzepten auf, wenngleich ihre Funktion relativ ähnlich bleibt. Immer geht es um eine grobe, erste Orientierung des Lesers. Hier ist diese jedoch stark inhaltlich geprägt. Der Kurzinhalt reißt die Grundsituation der Serie kurz an. In zwei bis drei Absätzen werden die Prämisse und die Hauptfiguren dargestellt. Eigentlich ist der Kurzinhalt insgesamt nicht unbedingt nötig: Der professionelle

Leser wird ohnehin mehr als nur den Kurzinhalt lesen, um ein fundiertes Urteil abgeben zu können. Niemand fällt eine Entscheidung aufgrund eines Kurzzeilers. Aber Sie können diesen nutzen, um den Leser auf das Folgende einzustimmen.

8.4 Ton

Hier formulieren Sie Angaben zur Erzählweise Ihres Stoffes. Dies beinhaltet unter Umständen auch die Anzahl der Stränge, obwohl dieses in den Bereich der Struktur gehört. Durch die Zahl und Gewichtung der Stränge zeigen Sie aber, worauf Ihr Hauptfokus liegt. Wollen Sie zum Beispiel eher auf die technischen Aspekte der Gerichtsmedizin abzielen oder möchten Sie lieber auf die emotionale Variante bauen? Hier können Sie deutlich machen, ob Sie einen leichten ironischen Ton bevorzugen oder ob Sie einen harten, ungeschminkten und direkten Eindruck beim Zuschauer wecken wollen. Häufig trifft man hier auf Angaben wie »packende Emotionalität« oder ähnlich Plakatives – und genauso Inhaltsleeres.

8.5 Genre

Das Genre sollte für sich selbst sprechen, jedoch spielt dieser Punkt immer wieder eine Rolle in Konzepten. Dies liegt unter anderem daran, dass sich Genrezuordnungen in den letzten Jahren immer wieder verändert haben. Es wurden immer seltener reine Dramaserien oder reine Comedystoffe vorgeschlagen, sondern vielmehr eine Mischung aus beidem, die sich dann *Dramedy* nennt. Wenn Sie also ein vermeintlich neues Genre anbieten (und das sollten Sie nicht unbedingt tun, denn Fernsehen ist sehr, sehr konservativ), sollten Sie hier eine kurze Einordnung treffen und eventuelle Vorteile benennen.

Auch wenn Sie sich auf ein »altes« Genre beziehen, sollten Sie diesen Punkt nutzen, um Ihre frische, neue oder originelle Herangehensweise darzustellen. Denn in irgendeinem Punkt muss sich Ihre Idee ja von anderen Formaten desselben Genres abheben – warum sonst sollte man sich für Ihre Serienidee entscheiden?

8.6 Setting

Auch das Setting wird von Ihrem potenziellen Auftraggeber nachhaltig geprüft werden. Passt es nicht in das Konzept des Senders, muss das Setting neu ausgerichtet werden. Da allerdings gute Stoffe das Setting in den Stoff integrieren, lassen sich solche Änderungen kaum vornehmen, so dass die Serienidee gar nicht erst angenommen wird.

Die Analyse des Settings stützt sich zum einen natürlich auf die Kosten – wenngleich dieser Punkt in der Gewichtung nicht an erster Stelle steht. Ein besonders kostenaufwendiges Setting dürfte aber die Realisierungsmöglichkeiten des Stoffes deutlich einschränken, schließlich spielt die (Re-)Finanzierung einer Serie eine große Rolle. Wenn diese unmöglich scheint, wird man das Format nicht produzieren wollen. Eine Serie, die in einem tibetanischen Bergdorf spielt, wäre sicherlich extrem billig, was die Gebühren für die Straßennutzung oder die Location-Miete angeht, andererseits würde es Millionen kosten, das Team und die Ausrüstung dorthin transportieren zu lassen.

Bei diesem Beispiel wird aber auch ein anderer Punkt deutlich. Neben den Kosten spielt vor allem die Publikumstauglichkeit, genauer gesagt das Identifikationspotenzial des Settings die entscheidende Rolle. Ein tibetanisches Bergdorf könnte visuell interessant und durchaus exotisch anmuten, ob Sie damit ein Millionenpublikum über einen längeren Zeitraum an sich binden können, möchte ich bezweifeln. Die Nöte und Träume, die Werte und Normen der dort lebenden Bevölkerung sind vom deutschen Publikum sicherlich nicht ausreichend nachvollziehbar.

Die Funktion des Settings wird ebenfalls durchleuchtet. Wird das Setting gut in die Geschichten integriert oder ist es im Prinzip egal, ob Ihre Serie in einem brasilianischen Slum oder auf einem englischen Golfplatz spielt? Sollte Letzteres der Fall sein, haben Sie ein Problem. Ein Setting hat bestimmte Momente, die Sie für die Geschichten ausnutzen sollten. Es ist klar, dass ein Feuerwehrmann oder ein Kriminalkommissar immer wieder zu Einsätzen gerufen werden und dem Setting Spannung sozusagen inhärent ist. Gleiches gilt für ein Raumschiff, das wahrscheinlich immer wieder neue Planeten ansteuert, so dass der Zuschauer jedes Mal neugierig ist, wo diesmal die Reise hingeht. Sie sollten die Vorteile und Bedingungen des Settings in diesem Programmpunkt herausstellen.

Wenn Sie einen Science Fiction- oder einen historischen Stoff schreiben, kann es nötig sein, im Konzept eine Einführung in das Setting zu geben. Ebenso, wenn es sich um ein aktuelles, aber besonderes Setting handelt, z.B. um Bundesgrenzschutz oder die Wasserschutzpolizei, um diverse militärische Einsatzgruppen oder um Ranger in Südafrika. Nicht jedem Leser sind deren genauen Tätigkeitsfelder bekannt.

Hier sollten Sie darstellen, wie die Gesamtsituation aussieht: Welche Rolle spielt die Sondereinheit? Wo gibt es überall Wasserschutzpolizei? Warum haben Sie diese ausgewählt? Welche Aufgaben müssen die Ranger erledigen und was gehört nicht in ihr Ressort? Wo gibt es vielleicht andere Gruppen, deren Aufgaben sich überschneiden? Das alles kann wichtig sein, damit Sie später im Treatment oder Exposee selbst nicht mehr auf langwierige oder technische Erklärungen angewiesen sind.

Überhaupt: Die genaue Kenntnis des Settings bringt Ihnen als Autor und der Serie oft viel mehr als ein vermeintlich exotischer Schauplatz. Im »Nahen« das

»Fremde« zu entdecken und dieses dadurch reizvoll zu machen, das ist sicherlich die Kunst. Viele Polizeiserien sind z.b. deshalb so erfolgreich, weil sie bestimmte Territorien erforschen, die den Zuschauern eigentlich bekannt sind, aber durch das Eindringen des »Bösen«, also des Verbrechens, eine völlig neue Facette erfahren.

8.7 Der Look/Das visuelle Konzept

Hier wird das »visuelle Feeling« der Serie beschrieben. Wollen Sie z.b. mit hohem Tempo erzählen und viele schnelle Schnitte und Reißschwenks verwenden, sollten Sie dies hier erwähnen, ebenso, ob Sie viele Montagesequenzen einplanen. Auch wenn Sie das Gegenteil vorgesehen haben und den Zuschauer mit langen Einstellungen meditativ umfangen wollen, sollten Sie dies anmerken.

Sie können Angaben über die Farbgestaltung machen, z.b. »entsättigt, aber nicht farblos«, oder angeben, dass Sie ein visuelles Konzept mit satten, brillanten Farben anstreben.

Ebenso sollten Sie vielleicht auf die Ausstattung eingehen. Ist diese hochwertig und opulent? Ein hohes *Production Value* kann durchaus auch ein Argument sein, das den Zuschauer auf die Serie aufmerksam macht. Oder soll die Kargheit der Räume den Fokus auf den Dialog und die Figuren lenken – zum Beispiel im Fall einer Polizeiserie, die sich vor allem auf die Verhörsituation konzentriert. Insofern werden Sie hier viel Erzählzeit der Zweiersituation in einem kargen Amtsraum zugestehen. Das wiederum würde Auswirkungen auf das Lichtkonzept haben, denn auch dieses sollte als dramaturgisches Mittel eingesetzt werden.

All das sind Angaben, die ein Drehbuchautor alleine wohl kaum so treffen würde, schließlich mischt er sich damit zum Teil in fremde Aufgabenfelder ein. Im Allgemeinen werden die Angaben zum Look zusammen mit der Produktionsfirma erarbeitet, deren Producer vielleicht eine etwas detailliertere Vorstellung von dem Look des Endprodukts hat und zudem genauer weiß, was technisch und finanziell realisierbar ist. Insofern könnte man unter diesem Punkt auch die »Vision des Produzenten« subsumieren.

8.8 Die Figuren

Bei einem Einzelstoff sind Handlung und Figur gleich wichtig, bei seriellen Stoffen verschiebt sich das Gewicht. Vor allem bei einer Comedy ist die Handlung oft simpler als beim Drama. Sie schöpft ihre Kraft aus den Figuren. Gute Charaktere sind das Herz einer Serie. Natürlich dürfen Sie die Handlung nicht vernachlässigen, aber nur die Figuren fesseln für eine längere Zeit, nur sie binden den Zuschauer an die Serie. Dieser Punkt im Konzept muss also zunächst beschreiben, wer die wichtigen Figuren sind. Ihre Motivation, ihre Ziele, ihre Methoden, mit denen sie diese erreichen und letztlich ihre Entwicklung – sofern sie eine Entwicklung vollziehen und nicht statisch bleiben wie bei Sitcoms.

Nicht nur bei Serien, auch bei Einzelstoffen wird manchmal ein Konzept geschrieben, bzw. wird dem Treatment eine kurze Figurencharakterisierung vorangestellt. Hier kann man schnell die Grundsituation der einzelnen Charaktere schildern – also erklären, warum sie mit welcher Haltung in welcher Grundsituation stecken. Sie können hier also schon einen Teil der Exposition vorausschicken – mit dem Erfolg, dass Sie später im Treatment selbst viel flüssiger und szenischer schreiben können, ohne dass Sie zu viel Zeit mit der Informationsvergabe verbringen müssen.

Unter dem Punkt Figuren sollten Sie den NAMEN (Sie merken: beim ersten Mal groß geschrieben) und das Alter angeben. Selbstverständlich steht der Protagonist an erster Stelle. Rein formal können Sie den Hauptfiguren bis zu zwei Seiten widmen, es reichen aber auch weniger Informationen. Dann sollten Sie auf die berufliche Situation eingehen (was befähigt die Figur, wo sind ihre Probleme? usw.) – sofern dieses Umfeld den Kernpunkt der Serie ausmacht: Ein Kommissar ist z.B. an erster Stelle immer Kommissar und ermittelt in Mordfällen. Darum geht es schließlich bei einem Crime-Format. In einem weiteren Absatz sollten Sie sich mit der persönlichen Ebene der Figur beschäftigen, sich mit Ängsten, Problemen und Konflikten auseinandersetzen.

Eine lange Figurenbeschreibung hat etliche Vorteile. Sie umfasst die klassischen Eigenschaften wie Alter, Ethnie, Geschlecht, Physis, sozialer Kontext, psychologische Disposition, jetzige Position, Verhältnis zu anderen, Backstory usw. Allerdings sollten Sie hier ein gutes Mittelmaß finden. Das ist leider auch allzu oft von den Präferenzen des Lesers abhängig und daher schlecht zu kalkulieren: Manche Leser bevorzugen kurze, prägnante Figurenbeschreibungen. Andere wollen allerdings detaillierte, ausführliche Darstellungen, weil sie sich so eher in die Figuren einfühlen können. Allerdings bedenken Sie auch: Je ausführlicher Sie in der Figurenbeschreibung sind, desto schwieriger wird das Casting – sofern man an Ihren ursprünglichen Vorschlägen festhält. Bleiben Sie wiederum zu vage, nutzt dies meist auch nicht viel.

Und vor allem: Wenn Sie detaillierte und vielschichtige Figuren hier beschreiben – denken Sie daran, diese auch im Pilotexposee umzusetzen. Sonst könnte der Eindruck entstehen, Sie hätten leere Versprechungen gemacht.

Das bei Serienvorschlägen übrigens am meisten benutzte Wort, wenn es darum geht, die Protagonistin zu beschreiben, ist »attraktiv«. Meist in Verbindung mit der Formulierung »auf den zweiten Blick«. Klar, man will dem Zuschauer normalerweise keine Überwesen präsentieren, weil diese die Identifikation gerade des weiblichen Publikums schwierig machen. Vielmehr geht es um »Menschen wie du und ich«, die aber dennoch schön genug sind, dass man sie bewundern und mitunter sexy finden kann. Bei den männlichen Protagonisten ist es übrigens »sportlich« und irgendeine Figur im Konzept ist immer »wortkarg«.

Die Entwicklung der Hauptfiguren ist ein interessanter Punkt, zumindest, sofern es sich es sich um ein Format handelt, in dem die Figuren überhaupt eine Entwicklung durchmachen (vgl. Kapitel 5.4). Falls es sich um eine Krimiserie handelt, deren Fokus nicht auf den ewiggleichen Polizisten oder Staatsanwälten liegt, sondern eher auf den Tätern oder auf den jeweiligen Fällen, dann ist davon auszugehen, dass die Ermittler eher »statisch« bleiben. Nur im kleinen Rahmen sind hier Veränderungen möglich, diese finden meist in den *Private lines* statt. Das gibt den Figuren eine emotionale Seite, die sie sonst kaum zeigen dürfen.

Nach den Hauptfiguren sollten Sie die Nebenfiguren schildern. Dies muss nicht grafisch abgehoben geschehen, aber Sie können die Trennung zwischen beiden Gruppen ebenso deutlich machen. Die Nebenfiguren können Sie kurz anreißen: Je nach Gewicht genügen zwei Sätze oder ein kurzer Absatz. Wenn Sie die Figuren aber schon detaillierter ausgearbeitet haben, sollten Sie dies auch einbringen. Allerdings sollte hier im Umfang das Verhältnis zu den Hauptfiguren deutlich werden. Also schreiben Sie nicht mehr zu den Nebenfiguren als zu den Hauptfiguren.

Problematisch ist auch immer Folgendes: Selbst wenn Sie eine Figurenbeschreibung voranstellen, ist es nicht immer gewährleistet, dass der Leser den Figuren Ihres Exposees genau folgen kann. Selbstverständlich geht dies, wenn Sie nur wenige Figuren angeführt haben. Falls Sie aber zwanzig mehr oder weniger wichtige Figuren vorgestellt haben, können Sie nicht davon ausgehen, dass der Leser sich all diese gemerkt hat – gerade wenn es um Nebenfiguren geht. Daher sollten Sie im Exposee oder Treatment diese kleineren Rollen mit einer kurzen Beschreibung anfüttern – es reicht, wenn man sagt »der Gärtner Luigi«, dann sollte die Verbindung wiederhergestellt sein.

Manchmal kann es nützlich sein, die Beziehungen der Charaktere von der ursprünglichen Beschreibung abzukoppeln und in einem eigenen Abschnitt näher zu beschreiben. Gerade, wenn es um Serien geht, in denen die Figuren stark aufeinander angewiesen sind und die Grundkonstellation sich als besonders trag- und konfliktfähig beweisen muss. Unter »Das Verhältnis der Charaktere zueinander« können Sie das Konfliktpotenzial eingehend beschreiben.

Das Verhältnis der Figuren zueinander ist mitunter entscheidend für den Erfolg. Konflikt ist das Herz des Dramas und da Sie in einer Serie meist ein Beziehungsgeflecht von verschiedenen Personen beschreiben, müssen Sie darauf achten, ob dieses das Potenzial für genug Spannung birgt. Die Figurenkonstellation ist also ausschlaggebend. Hier müssen Konflikte angelegt sein, die die Serie auch dauerhaft tragen. Die Haltungen und Motive der Figuren sollten möglichst unvereinbar und konträr unterschiedlich sein – umso spannender und langfristiger tragfähig ist die Serie, vergleichen Sie z.B. Al und Peggy Bundy in *Eine Schrecklich nette Familie.* Oder betrachten Sie die vier Hauptfiguren von *Sex and the City,* die so ähnlich angelegt sind, dass ihre Freundschaft glaubwürdig ist, aber so konträr, dass es immer wieder zu Konflikten kommt und dass die Autoren die Möglichkeit haben, ein Problem aus vier verschiedenen Sichtweisen zu reflektieren.

8.9 Die Pilotfolge

Der wichtigste Teil des Konzeptes ist die Pilotfolge, alle anderen Textteile ranken sich um diesen Kern herum. In der Pilotfolge zeigen Sie, was Sie mit der For-matbeschreibung und der Figurencharakterisierung vorgeschlagen haben. Wie setzen Sie das Versprechen nun »in der Praxis« um? Man wird z.b. überprüfen, ob die Gewichtung der Figuren im Plot auch so umgesetzt wird, wie sie vorher beschrieben wurde und ob die Pilotfolge auch den Ton trifft, der vorher intendiert wurde. Sie sollten daher die größte Mühe auf einen logischen, spannenden und dramaturgisch überzeugenden Plot verwenden. Gerade hier ist darauf zu achten, dass die Figuren aktiv, lebhaft und sympathisch sind. Wenn Sie hier nicht greifbar werden, wird der Leser Ihren Stoff ablehnen.

Eigentlich müsste das Konzept die Pilotfolge in Form eines Treatments dar-bieten, um der Reichweite der Entscheidung gerecht zu werden. Da das Konzept aber so viele Unter-/Nebenpunkte enthält, reicht oft auch ein normales Exposee (das sich natürlich nach den Maßstäben richten sollte, vgl. Kapitel 5). Schließlich haben Sie schon so viele Informationen durch die Figurenbeschreibung, den Aus-blick und die anderen Rubriken zusammengetragen, dass Sie auf eine detaillierte Erzählung verzichten können. Der Leser sucht sich seine Informationen zusam-men und gewinnt ein (hoffentlich) rundes und überzeugendes Bild.

In manchen Fällen wird dem Konzept auch ein Bildertreatment (vgl. Kapitel 8) angefügt. Das ist nicht immer überzeugend. Schließlich entsteht durch die tech-nische Einteilung in einzelne Szenen (durch die Angabe von Innen/Außen, Tag/ Nacht und des Ortes sowie einer eventuellen Nummerierung der Szenen) Distanz. Der Leser kann sich schwerer mit den Figuren und der Handlung identifizieren und lässt sich weniger mitreißen – stattdessen achtet er stärker darauf, wie der Plot strukturiert ist usw. Sie sollten den Leser aber nicht bewusst zum Kritiker machen!

Auch wenn wir im Beispiel aus Platzgründen auf eine solche verzichtet haben – jedes Konzept sollte eine ausgearbeitete Folge (damit meine ich in Form eines Ex-posees) enthalten, nur so kann sich der Leser einen genaueren Überblick über die Serie verschaffen. Hier empfiehlt es sich, mit der Pilotfolge anzufangen, was leider nicht immer der Fall ist. Manchmal werden andere Folgen gewählt, weil diese vermeintlich besser gelungen sind. Aber selbst wenn die Plots nicht chronologisch aufeinander aufbauen, ist es angenehm, wenn der Leser – genau wie der Zuschauer später – in die Serie eingeführt wird und nicht plötzlich ein fertiges Konstrukt vorgesetzt bekommt, in dem er sich anfangs nur schlecht zurechtfindet. Das erweckt möglicherweise das Gefühl, etwas verpasst zu haben – und solche negativen Gefühle möchte man beim Leser gar nicht erst erwecken. Insofern sollten Sie den Leser, genau wie die Zuschauer später, behutsam in den Kosmos der Geschichten einführen und ihn teilhaben lassen, wenn sich z.b. die wichtigen Figuren der Serie zum ersten Mal begegnen.

8.10. Struktur

Unter dem Punkt Struktur behandelt man natürlich nicht den Aufbau der Pilotfolge – dies ist Sache des Lesers. Hier werden allgemeine Angaben zum Aufbau der Serie gemacht. Wie sind die einzelnen Folgen gebaut? Wie viele Stränge gibt es? Eingängiges Muster ist es, im *Mainplot* z.b. den Krimifall zu erzählen und eine *Privat line*, also eine Geschichte, die sich um das Privatleben des Protagonisten oder anderer wichtiger Figuren dreht, im Subplot. Der zweite Subplot wird klassischerweise dazu benutzt, Geschichten zu erzählen, die das gesamte Polizeirevier betreffen.

Es versteht sich von selbst, dass der Hauptstrang am meisten Erzählzeit bekommt und die Subplots weniger Raum einnehmen – nicht nur rein zeitlich, sondern auch dramatisch. Es wäre fatal, die bewegendsten und spannendsten Momente in einer Nebenhandlung zu erzählen. Dadurch wird das Zuschauerinteresse irritiert.

Eine wichtige Entscheidung betrifft den Bau der Erzählstränge. Verlaufen diese episodenübergreifend oder werden sie jeweils abgeschlossen? Sie können und sollten hier Vorschläge machen, aber es ist gut möglich, dass man dies anders sieht – ein Sender hat da durchaus eigene Vorstellungen oder Bedürfnisse.

Verschiedene Formen haben sich eingebürgert: Es gibt fortlaufende Serien mit durchgehenden Plotlines, die ungefähr gleich gewichtet sind. Dies finden Sie z.B. bei einer *Soap* (*Verbotene Liebe, Gute Zeiten, Schlechte Zeiten*) oder einer *Weekly* (*Lindenstraße, Hinter Gittern*). Konzepte für diese sollten Sie gar nicht versuchen zu schreiben. Das ist vertane Zeit. Soaps werden aufgrund des immensen Aufwands industriell gefertigt und die Idee oder die Konzeption einer Soap kommt nicht von einem einzelnen Autor, sondern vom Produzenten oder vielmehr noch vom Sender.

Der Großteil der Serien hat abgeschlossene Folgenhandlungen. Hier wird der Hauptstrang beendet, der meist von zwei Nebensträngen flankiert wird. Diese können u.U. in der folgenden Episode wieder aufgenommen werden. Die Hauptprobleme, mit denen die Figuren konfrontiert werden, sind innerhalb der Episode bewältigt. Die Figuren ändern sich hier nicht, sondern bleiben statisch, wie z.B.

Inspektor *Columbo.* Solche Serien können theoretisch endlos laufen, wie z.b. *Law and Order,* die1990 bis 2010 mit 20 Staffeln lief.

Eine Mischform der beiden oben genannten Serientypen ist ebenso häufig. Hier werden einzelne Plots in der jeweiligen Episode auserzählt und damit abgeschlossen. Andere Plots, die die Hauptfiguren betreffen, werden allerdings weitererzählt. So ergibt sich eine dynamische Figurenkonstellation, z.b. bei *Sex and the City* oder *Emergency Room.*

Mehrteiler und Miniseries erstrecken sich über mehrere (aber wenige) Folgen, die zeitlich direkt aneinander anschließen. Hier entwickeln sich die Figuren dynamisch.

8.11 Ausblick/Plotideen

Das Format und das Genre bestimmen, wie die Plots inhaltlich gestaltet werden. Ob diese lose zusammenhängen oder eng miteinander verwoben sind und aufeinander aufbauen, sollten Sie unter vorigem Punkt sozusagen auf »technischer« Ebene aufzeigen, aber auch hier weiterführen. Denn hier geht es um die Stoffebene, hier werden Plotvorschläge für weitere Episoden gemacht.

Dieser Ausblick auf die nähere Zukunft sollte am besten fünf oder sechs Plotvorschläge enthalten. Sie können auch mehr anbieten, doch bevor der Leser zwanzig kleine Plotvorschläge mit je drei Zeilen liest, würde er sich über fünf Ideen, die aber ausführlicher ausgearbeitet sind, sicher mehr freuen. Grundsätzlich wird der Leser nicht mehr so genau auf den Aufbau achten – es sei denn, es unterlaufen Ihnen folgenschwere Fehler.

Notfalls können Sie auch Plotideen angeben, ohne eine genaue Reihenfolge festzulegen.

Die Plotideen sind wichtig für die Bewertung eines Serienkonzepts. Sie vermitteln ein Gefühl für die Kreativität des Autors und seine Sicht der Serie. Wie stellt er sich das vor, wo will er damit hin? Der Leser kann absehen, ob die Ideen des Autors reichen und ob die Ausrichtung die richtige ist. Welche Stränge verfolgt der Autor weiter? Wo liegt seine Gewichtung?

Der Folgenausblick stellt sozusagen eine Versicherung für die Zukunft dar. Nachdem in den vorausgegangenen Teilen des Konzepts die Aussage getroffen wurde: »Hier ist unser Superkonzept!« wird hier nun vermittelt: »Unser Superkonzept funktioniert auch in der Zukunft. Machen Sie sich keine Sorgen!«

8.12 Zusammenfassung Serienkonzept

Ein Konzept sollte dem Leser dieselben Fragen wie ein Exposee oder Treatment und darüber hinaus folgende Fragen beantworten:

- Wie ist der Ton der Geschichte? Was ist der Erzählduktus der Serie?
- Gibt es ein visuelles Konzept?
- Wie ist die Qualität der Plots?
- Welche Geschichten werden erzählt? (Was sind die zu erwartenden Kosten? Gibt es viele Schauplatzwechsel, viele aufwendige Settings?)
- Wie lange tragen die Geschichten? Ist es eine endliche Serie?
- Wie ist die Entwicklung der Hauptfiguren – längerfristig gesehen?
- Was ist die Grundkonstellation der Figuren? Wie stehen sie zueinander und wo liegen die Konflikte? Ist diese Verbindung tragfähig?
- Wie groß ist das Ensemble? Werden alle Figuren entsprechend bedient?
- Was ist die Zielgruppe?

8.13 Beispiel Serienkonzept »Die letzte Spur«

Ein heiterer, turbulenter Samstagvormittag, eine glückliche kleine Familie: Die hochschwangere junge Mutter und ihr Mann streichen das Babyzimmer für den erwarteten und ersehnten Neuankömmling, während die vierjährige Tochter und der Familienhund ausgelassen durch die Wohnung toben. Als die Wandfarbe ausgeht, besteht der Vater darauf, dass sich seine Frau ein wenig ausruht, und fährt mit der Tochter in den Baumarkt, um neues Material zu besorgen. Dort gibt er das Mädchen in der Kinderbetreuung ab, betritt den Verkaufsbereich – und verschwindet plötzlich. Spurlos.

***

Ein gewohnt hektischer Morgen in der Arbeitswoche. Zusammen mit ihrem Freund verlässt eine junge Journalistin ihre Wohnung, fährt auf dem Fahrrad eilig los, um rechtzeitig zu ihrem Termin zu kommen, und wird vor den Augen ihres entsetzten Freundes an der nächsten Kreuzung von einem Auto angefahren, dessen Fahrer Unfallflucht begeht. Zum Glück bleibt es bei einem harmlosen Knochenbruch für die junge Frau. Sie lässt sich von ihrem Freund aus der Klinik nach Hause bringen, verabschiedet sich an der Tür von ihm – und verschwindet plötzlich. Spurlos.

***

Eigentlich kann nichts mehr schiefgehen für die Abiturientin, die zappelig, aber zuversichtlich in die Küche kommt und von ihrer Familie liebevoll unterstützt, fast auf Händen getragen wird: aufmunternde Worte, ablenkende Scherze und ein Frühstück wie im Luxushotel. Es war nicht einfach für die Schülerin, schon im vergangenen, erfolglosen Jahr nicht, aber nun sind die schriftlichen Prüfungen bestanden und die mündliche ist nur noch eine Formsache. Mit den besten Wünschen wird sie verabschiedet, geht los, kommt aber nie in der Schule an – weil sie plötzlich verschwindet. Spurlos.

Auf dem Festbankett eines internationalen Ärztekongresses wird ein bekannter US-amerikanischer Neurowissenschaftler für sein Lebenswerk geehrt. Nachdem der Siebzigjährige, der zum ersten Mal in Deutschland ist, die Auszeichnung entgegengenommen hat, kehrt er zurück an seinen Tisch, wo ihm seine Frau, sein Sohn und sein engster Mitarbeiter, die ihn auf der Reise begleiten, herzlich gratulieren und sich mit ihm freuen. Wenige Minuten später verlässt der Geehrte den Raum, weil er ein Medikament im Hotelzimmer vergessen hat – und verschwindet plötzlich in der fremden Stadt. Spurlos.

Plötzlich klafft da eine Lücke. Plötzlich beherrscht die Angst das Leben der Angehörigen. Plötzlich gefriert die Ungewissheit jeden Atemzug.

Und die Hoffnung wird zur wichtigsten aller Empfindungen. Zur Kardinalstugend. Zum Rettungsboot auf dem Meer der Sorgen. Zum Lebenselixier. Die Hoffnung, dass dem geliebten Menschen nichts geschehen sein möge. Dass er unversehrt zurückkehren kann. Dass am Ende alles wieder gut wird. Die Hoffnung bleibt. Dass sie Recht behält, dafür sorgen Radek und seine Leute:

Das Wort *spurlos* bedeutet für die vier Profis vom Vermisstendezernat der Berliner Kripo nur, dass sie genauer hinsehen müssen, sich noch tiefer einwühlen in den Fall. In das Leben des Vermissten und seiner Angehörigen, deren größter Halt sie in dieser furchtbaren Zeit der Ungewissheit sind. Dass sie alle Puzzleteile finden und zusammenfügen müssen, um irgendwann das ganze Bild zu sehen. Um die Erlösung zu bewirken. Um den Vermissten endlich aufspüren und nach Hause bringen zu können.

Spurlos ist eine klassische Freitagabendkrimiserie.

Mit Fällen, die spannend buchstäblich bis zur letzten Minute sind. Bis zum Auffinden des Vermissten, bis zur Klärung seines ungewissen Schicksals. Fälle mit allen wiedererkennbaren, traditionellen Ingredienzien des Genres. Fälle zum Miträtseln und Mitfiebern. Krimivergnügen pur für den Krimiliebhaber, der die Konzentration auf einen einzigen Fall schätzt und der einer starken Ermittlerpersönlichkeit wie Radek, auf den sich die Ermittlungen, seine Mitarbeiter und die gesamte Geschichte konzentrieren, gerne bei seiner spannenden Arbeit zusieht.

Neben alldem hat die Serie aber einen entscheidenden Mehrwert, der sie – ohne Erzählkonventionen und Genre auch nur ansatzweise zu verlassen, gar zu brechen – einzigartig, neu und reizvoll macht:

Spurlos ist ein Hoffnungskrimi.

Das Beste, was üblicherweise im Krimi passieren kann, ist die Wiederherstellung der aus den Fugen geratenen Welt durch Logik und Gerechtigkeit: Hintergründe werden geklärt, das verstörende Rätsel des Falls wird gelöst, der oder die Täter bekommen, was sie verdienen. Aber der Ermordete bleibt tot. Es gibt keine Rettung, keine vollständige Heilung, nur Rätselspannung und abschließendes Verständnis, moralische Erleichterung und Sühne.

Eine Tat gibt es bei **Spurlos** auch und ebenso Täter, die zur Rechenschaft gezogen werden. Auch bei **Spurlos** lädt das Kriminalrätsel zum Mitraten ein und sorgt schon auf dieser gewohnten Ebene für Spannung. Und der Fall wird am Ende gelöst. Immer. Mit allen Elementen moralischer Genugtuung.

Das entscheidende, zusätzliche Plus von **Spurlos** ist jedoch, dass echte Erlösung möglich ist. Dass die Auflösung des Falls, der gewohnt kriminalistisch bearbeitet wird, zu einem wahren Happy End führen kann und in der Regel auch führt: zur Rettung des Vermissten, zu seiner unversehrten Rückkehr und Wiedervereinigung mit seinen Angehörigen.

Das erhöht die Spannung zusätzlich. Das führt aber vor allem zu einer hohen Emotionalisierung und Identifikation beim Zuschauer, die im gewohnten *Whodunit*-Krimi so nicht ohne Weiteres erreicht werden können. Dazu trägt – neben der zentralen dramaturgischen Grundprämisse – auch das besondere Stilmittel der Visualisierung von Zeugenaussagen und Ermittlungsergebnissen bei. Als Flashback oder Hypothese geben diese Szenen dem Zuschauer im Bild die Möglichkeit, sinnlich an der Aufklärung des Falls teilzunehmen und sogar Mitgefühl und Identifikation mit dem abwesenden Vermissten aufzubauen.

In **Spurlos** geht noch um etwas. Während der gesamten Geschichte. Um Leben oder Tod. Man bangt mit den Angehörigen mit, man fürchtet mit ihnen um das Leben und die Gesundheit des Vermissten, man stellt sich dieselben quälenden Fragen – und hat am Ende mit ihnen die Chance zu erleben, dass diese Schicksalsepisode eines Menschen eine gute, von allen Ängsten befreiende Wendung nehmen kann. Und wenn das geschieht, sind das gute Gefühl und die Zufriedenheit, die sich beim Abspann einstellen, größer als sie jemals sein könnten, wenn nur Handschellen klicken.

Spurlos ist eine klassische Krimiserie, die das Prinzip Hoffnung zur Grundlage hat – und das umfassende Happy End als eine im Genre ungewöhnliche, neue Perspektive.

***

Dreieinhalb Millionen Menschen leben in Berlin. Sie müssen Entscheidungen treffen, dürfen die Hoffnung nicht verlieren, suchen Erfolg, krallen sich ins Fleisch eines anderen, werden verraten, bekommen eine neue Chance, sind voller Sehnsucht, kämpfen gegen die Enttäuschung. Sie leben.

Sie wohnen in Wohnungen, in denen ein Kohleofen ein Segen Gottes ist, oder in Villen, in denen ein verstellter Seeblick Anlass zur Sorge bereitet. Sie sprechen hundertachtzig verschiedene Sprachen. Sie genießen ihre Freiheit, haben Angst vor dem Altern, geben Anweisungen oder führen sie aus. Sie warten ab und können es nicht erwarten. Sie sind alt, sie sind jung. Sie haben Mütter und Väter, Söhne und Töchter, Brüder und Schwestern, Freunde und Feinde und manchmal nur ihre Erinnerungen.

Achttausend von ihnen – allein in Berlin, hunderttausend in ganz Deutschland – gehen jedes Jahr einfach verloren. Achttausend Berliner sind plötzlich weg, von einem Moment auf den anderen. Sie verschwinden. Ohne eine Nachricht, scheinbar ohne Grund, anfangs ohne jede Spur. Und werden vermisst. Die Menschen, die sie kennen, sie lieben oder brauchen, spüren eine Lücke, die quälender ist als die Leere nach dem Tod. Weil alles möglich ist.

Hatten sie einen Unfall und liegen hilflos an einem unbekannten Ort? Fielen sie einem Mord zum Opfer, sind sie in der Gewalt eines Entführers? Wollen sie sich das Leben nehmen und irren noch umher, oder kommt bereits jede Hilfe zu spät? Ist ihr Verschwinden am Ende eine freiwillige, sprachlose Flucht in eine neue Zukunft?

Vermisstenfälle gibt es in einer Vielfalt, die in den anderen Bereichen der Polizeiarbeit nicht zu finden ist. Vermisstenfälle schreibt das Leben. Vermisstenfälle können alles sein: Tötungsdelikte, Entführungen, Betrügereien, tragische Geschichten und manchmal komische. Immer sind es Fälle, die einen doppelten Boden haben. Immer geht es um Menschen.

Spurlos erzählt die Geschichten dieser Menschen.

Spurlos zeigt andere Kriminalfälle. Mit ungewissem Ausgang – aber dem Prinzip Hoffnung als Leitmotiv, der Perspektive einer möglichen vollständigen Heilung.

Spurlos erzählt Kriminalfälle und Dramen. Geschichten, die nah an den Menschen dran sind, nicht nur an der Lösung eines Rätsels.

***

Die Ungewissheit ist die Mutter der Angst. Wer einen Menschen vermisst, der hat in der Ungewissheit einen ständigen, bösartigen Begleiter, dessen Leben wird vergiftet durch das unaufhörliche Schwanken zwischen Hoffnung und Furcht. Wer jemanden vermisst und nicht weiß, ob er ihn verloren hat, der hat keine Chance, um ihn zu trauern und ein Ende zu finden. Der wird zur Geisel von Verlustängsten, die jeder Mensch vom ersten Atemzug an kennt und ein Leben lang im Zaum zu halten versucht. Der fürchtet sich vor der Ewigkeit, die einsetzt, wenn es immer noch keine Nachricht gibt. Wer in eine Geschichte von Verlust und Suche, von Wiederfinden oder endgültiger Trennung gerät, der kommt damit alleine nicht zurecht. Der braucht Hilfe. Der muss jemanden haben, an den er sich wenden kann.

Dann sind Oliver Radek und sein Team da. Dann beginnt die Einheit der Berliner Kripo mit ihrer Arbeit. Dann machen sich der Teamchef und seine drei Mitarbeiter auf die Suche nach Vermissten, von denen jede Spur fehlt. Radeks Team ist oft die erste Anlaufstelle. Und immer die letzte Hoffnung.

Die Arbeit der Mordkommission beginnt, wenn eine Leiche aufgefunden wird und jede Zuversicht verloren ist. Die Welt der Mordkommission ist der Tod. Die Welt von Radeks Team ist die *Hoffnung*. Diese Ermittler retten Menschenleben. Sie retten die Zuversicht. Radek und seine Mitarbeiter wenden auch den klassischen Dreisatz von Motiv, Gelegenheit und Mittel an, wie die Kollegen aus den anderen Abteilungen. Sie lösen auch Rätsel, bearbeiten Fälle, fertigen gelegentlich Vorlagen für den Staatsanwalt an. Doch vor allem helfen sie Menschen. Jungen und alten, reichen und armen, schönen und hässlichen, schuldigen und unschuldigen. Wer mit Menschen zu tun hat, hat mit Sehnsüchten und Abgründen zu tun. Mit Ängsten und Wünschen. Mit Konflikten, die während der Ermittlungen noch virulent sind.

Radek und seine Mitarbeiter erforschen Leben. Sie sind Archäologen menschlicher Biografien, loten menschliche Beziehungen in ihren Tiefen und Untiefen aus, versuchen zu verstehen, wen sie suchen. Nur wenn sie sich ein Bild machen können, aus tausend Splittern und Facetten, aus unzähligen Widersprüchen, nur wenn sie wissen, wer der Mensch ist, der vermisst wird, nur dann kommen sie der Antwort auf die Frage näher, wo sie diesen Menschen finden. Wenn es eine Regel bei Vermisstenfällen gibt, dann die: Nichts ist, wie es scheint.

Spurlos erzählt die Geschichten hinter den Geschichten.

Wenn es immer eine Geschichte hinter der Geschichte gibt, wenn nichts ist, wie es scheint, dann kommt es auf Genauigkeit an. Die Ermittler trauen keiner Zeugenaussage und keiner einzigen scheinbar eindeutigen Tatsache. Obwohl sie detailversessen sind, lassen sie sich von Einzelheiten nicht ablenken, sondern richten ihren Blick mit allen polizeilichen Mitteln stets auf die Summe aller Teile.

In allen ihren Fälle müssen Oliver Radek, Sandra Reiß, Daniel Prinz und Selim Alpan tief in die Lebensgeschichten von Menschen eintauchen und mit ihren Mitteln dabei helfen, eine sich zuspitzende Krise zu bewältigen und den Schicksalen eine gute Wendung zu geben. Ein glückliches Ende gelingt fast immer. Immer jedenfalls lösen sie den Fall. Immer schaffen sie Gewissheit.

**

Das Team

Oliver Radek, 40, Erster Kriminalhauptkommissar.
Seit 22 Jahren bin ich Polizist, seit 17 Jahren arbeite ich in der Vermisstenstelle, seit neun Jahren leite ich sie. Vielleicht habe ich nicht den angenehmsten Beruf der Welt, unser Spesenkonto besteht aus einer hoffnungslos leeren Kaffeekasse, und um meine Überstunden abzufeiern, müsste ich ein paar Jahre früher in Pension. Aber es gibt keinen besseren Job. Nicht für mich.
Ich gelte als guter Polizist. Manche sagen: besessen, zu perfektionistisch. Aber wie perfektionistisch kann man sein, wenn es um Menschenleben geht? Kann man da zuviel von sich oder den Kollegen verlangen? Eine Leiche kann warten, ein Einbruch auch, ein Fehler verzögert in solchen Fällen höchstens die Ermittlungen. Aber wenn Sie nach einem Vermissten suchen, wenn Sie davon ausgehen müssen, dass dieser Mensch in Gefahr schwebt, dann gibt es keine Fehler, die sich verzeihen lassen. Wenn man jemandem helfen will, muss man bereit sein, zu schuften und Risiken einzugehen. Man muss etwas tun. Sofort. Bis das Problem gelöst ist. Man hat Verantwortung.
Ich glaube, meine Mitarbeiter sehen das ähnlich. Das hoffe ich jedenfalls. Ich weiß, dass ich viel verlange. Von jedem von ihnen. Dass ich ihre Schwächen häufig ignoriere und ihre Stärken ausbeute. Aber wer Koch wird, muss Hitze aushalten können.
Da wäre zum Beispiel Sinem. An dem Tag, an dem ich keinen Spott mehr von ihr höre, wenn sie nichts an mir oder den anderen auszusetzen hat, da reiche ich meine Pensionierung ein. Neapel sehen und sterben. Um Sinem braucht man sich keine Sorgen zu machen, die kriegt alles hin. Mit links. Ihre Arbeit, ihre Familie, einfach alles. Auch wenn ich sie um vier Uhr morgens anrufe, weil ich eine Information benötige oder eine Suchmeldung in die nächste Auflage der Zeitungen bringen muss. Dann wirft Sinem ihren Computer an oder ruft ihre Freunde bei der Presse an und eine Stunde später habe ich, was ich brauche. Da ertrage ich ihren Spott gerne. Es hätte übrigens auch anders laufen können, dann wäre Sinem mein Chef gewesen. Ich hoffe, sie hat mir das verziehen.
Bei Sandra ist das ein bisschen anders. Vielleicht ist sie die beste Mitarbeiterin, die ich jemals hatte, aber sie wirkt oft so angestrengt. Vielleicht fordere ich zuviel, gerade von ihr. Sie gibt sich keinen Augenblick zufrieden, bis wir unser Ziel erreicht und den Fall geklärt haben. Im Grunde ist sie noch verrückter als ich. Sie ist wissbegierig, lernt schnell und macht einen Fehler kein zweites Mal. Sandra scheint keinen Schlaf zu brauchen, ist

immer perfekt angezogen, findet immer den richtigen Ton. Sie ist die ideale Polizistin. Finde ich. Sie muss mehr auf ihr Herz hören, sagt Sinem. Sie meint, dass Sandra jemanden braucht, den sie lieben und anbrüllen kann. Aber das ist ihre Privatsache. Daniel Prinz hat lange gewartet, bis eine Planstelle bei uns frei wurde. Er ist unser Neuer. Er wollte unbedingt zu uns. Das war mir suspekt. Ich kann niemanden brauchen, der sich mit der Arbeit selbst verwirklichen will. Aber jeder hat eine Chance verdient. Und jeder braucht seine Zeit.

Wenn Sie mich fragen, was wir hier machen, dann sage ich Ihnen: Wir machen uns ein Bild. Wir versuchen zu verstehen, wen wir suchen. Wir zeichnen Porträts. So einfach ist das. So schwer.

Wenn du weißt, wer sie sind, weißt du, wo sie sind.

Sandra Reiß, 30, Kriminaloberkommissarin.

Wenn Oliver Radek etwas sagt, dann hat das Gewicht. Ich meine, der Mann macht einfach keine Fehler. Wenn wir alle vor uns hinstarren und keine Ideen haben, wenn wir müde sind und nur noch an ein Glas Wein oder ein warmes Bad denken, wenn wir aufgeben wollen, fängt er an zu reden. Dann hat er natürlich auch keine Lösung parat, aber er stellt die richtigen Fragen, gibt Anweisungen, schickt uns los. Dann denkt keiner mehr ans Aufgeben, dann ist die Müdigkeit verflogen. Eigentlich bin ich nie müde, wenn er in meiner Nähe ist.

Dass Radek keine Fehler macht, das muss ich relativieren. Daniel ins Team zu holen, war falsch. Ich weiß wirklich nicht, was er hier will. Dass Daniel und ich mal zusammen waren, spielt keine Rolle. Nicht für mich. Aber ich würde mich nicht wundern, wenn es bei ihm anders wäre. Er ist so. Wenn er sich was in den Kopf gesetzt hat, macht er keinen Unterschied zwischen Wunsch und Wirklichkeit. Daniel ist ein Kindskopf, der sich für unwiderstehlich hält. Ein bisschen was ist ja auch dran. Er sieht gut aus. Er weiß, wie man einen guten von einem schlechten Anzug unterscheidet, kennt jeden Club in der Stadt. Und er hat ein Lächeln, das sogar die Männer für ihn einnimmt. Hätte ich mich sonst auf ihn eingelassen? Aber er wird nicht erwachsen, sucht immer noch nach einem Vater. Den findet er nicht mehr, schon gar nicht bei uns.

Und Sinem? Eine gute Polizistin, eine verlässliche Kollegin. Eine Kratzbürste. Es gibt Momente, wo sie besser ihren Mund halten sollte. Aber ihr würde ich nicht nur jederzeit Geld leihen, von ihr würde ich mir sogar welches borgen. Ihre beiden Kinder, die sind einfach umwerfend. Manchmal stören sie ein bisschen. Wenn Sinem sie mit ins Büro bringen muss, weil sie keine Betreuung organisieren konnte. Wie gesagt, nur ein bisschen. Wenn ich mir ihre Kinder ansehe, frage ich mich schon, ob die Arbeit alles sein kann. Ich bin jetzt dreißig, ich habe nicht mehr viel Zeit. Andererseits ich sehe auch, wie durchgeplant und eng Sinem leben muss. Sie ist stark. Ich weiß nicht, wieviel von mir übrigbliebe.

Warum ich in dieser Abteilung bin? Ich habe mal ein Gedicht gelesen, von einem Amerikaner, da sind zwei Zeilen drin, die vergesse ich nie:

»Because I know that time is always time / And place is always and only place.«
Niemand geht verloren. Wir müssen uns nur fragen, ob wir am richtigen Ort und zur passenden Zeit nach ihm suchen.
Wir müssen die Lücken füllen.

Daniel Prinz, 29, Kriminalkommissar.
Ich will nichts von ihr. Wollte ich nie. Nicht wirklich. Hoffentlich kapiert Sandra das bald. Wär' nicht schlecht, wenn wir das irgendwann gebacken kriegen. Wenn wir Freunde werden. Oder richtige Kollegen. Reicht ja auch schon.
Dieser Radek ist ein cooler Hund. Wenn ich nicht ständig das Gefühl hätte, ich sitze bei ihm im mündlichen Abi, dann wäre er mir vielleicht sogar richtig sympathisch. Aber er ist ein Pedant. Kein Erbsenzähler, das nicht. Aber einer, der sofort nervt, wenn du nicht weißt, wozu eine Idee führen könnte. Können wir immer erklären, warum wir was tun? Müssen wir das?
Soll Sandra mir jetzt bloß nicht mit meinen angeblichen Problemen kommen. Ich will nicht, dass Radek irgendwas erfährt. Stimmt. Als ich 13 Jahre alt war, ist mein Vater plötzlich verschwunden. Meine Mutter und ich haben ihn nie wieder gesehen. Wahrscheinlich haust er jetzt im Outback und hat einen Haufen Kinder. So what? Erklärt das vielleicht, warum ich auf Dunkelhaarige stehe und Amy Winehouse nicht leiden kann?

Ich will hier arbeiten, weil es was bringt. Wenn du einen Einbrecher fasst, freuen sich höchstens die Versicherungen. Wenn ein Dealer in den Knast wandert, heißt das nicht, dass es auch nur einen Junkie weniger gibt. Und wenn du einen Mörder findest, macht das keinen mehr lebendig. Aber in der Vermisstenstelle, da hast du dein Erfolgserlebnis. Einer ist weg, du findest ihn wieder, bringst ihn zurück, die Leute freuen sich, Sonnenuntergang und Abspann. Und hinterher musst du dir nicht im Gericht den Arsch wundsitzen.
Aber das geht nur, wenn wir uns beeilen. Statistisch gesehen nimmt die Chance, einen Vermissten zu finden, nach drei Wochen rapide ab. Ich weiß, wovon ich spreche.
Nach drei Wochen beginnt die Ewigkeit.

Sinem Alpan, 46, Kriminalhauptkommissarin.
Wissen Sie, warum ich meinen Nachnamen nach meiner Heirat behalten habe, obwohl mein Mann geschmollt hat? Weil Alpan die etruskische Göttin der Liebe und der Unterwelt ist. Das passt zu mir. Damit haben wir's hier auch oft zu tun.
Unser Chef, das ist ein Verantwortungsjunkie. Der denkt noch beim Pinkeln darüber nach, ob er damit zuviel Zeit verschwendet, die dem Vermissten dann vielleicht fehlt. Zu Hause läuft das bei dem genauso, das mit der Verantwortung. Der perfekte Polizist ist er schon, aber er will auch der perfekte Vater und Ehemann sein und läuft ständig mit einem Schuldgefühl herum, als hätte er seine Kinder in der Wüste ausgesetzt. Beides geht natürlich nicht. Habe ich mir selbst längst abgeschminkt. Und ich sag' das als Frau.

Aber vielleicht ist Sandra deswegen verrückt nach Oliver. Weil er das Unmögliche will und meist auch zu schaffen scheint. Weil er der Beste im Job ist, aber seine Familie genauso wichtig nimmt. Das weiß Sandra zwar noch nicht, dass sie scharf auf ihren Boss ist, aber das bringt sie sich gerade selbst bei. Das sieht dann so aus, dass sie sich eine blutige Nase nach der anderen holt, wenn sie mit irgendwelchen Kerlen ausgeht. Immer ist es der Falsche, immer passt irgendwas nicht. Kein Wunder. Sieht doch ein Blinder, wen sie eigentlich will. Ich kann nur hoffen, dass sie das niemals merkt. Oder rechtzeitig die Notbremse zieht.

Über den Neuen kann ich noch nicht viel sagen. Von der Bettkante würde ich ihn jedenfalls nicht stoßen. Alle sagen, er ist zu impulsiv, aber mir gefällt das. Wer sich in seinem Alter nicht so verhält, hat kein Herz. Wer es mit 35 noch tut, der hat kein Hirn. Warten wir's ab.

Was unser Job ist? Wir schauen dahinter. Und manchmal schauen wir in einen Spiegel. Viel zu wenig, wenn Sie mich fragen.

Nichts ist, wie es scheint.

8.14 Die letzte Spur

Statement von Produzent Dr. Ronald Gräbe, Geschäftsführer der Novafilm Fernseh-produktion GmbH

Als am 22. November 2012 die erste Klappe fällt, ist Orkun Ertener, Autor des hier abgedruckten Konzepts, schon gar nicht mehr dabei. Mehr als bedauerlich ist es dennoch nicht untypisch für eine Serienentwicklung. Aber vielleicht der Reihe nach:

Anfang 2005 lege ich unserer ZDF-Redakteurin, mit der wir damals den »Letzten Zeugen« produzieren, ein Serienkonzept für ein Dokutainment-Format vor, bei dem sich unter dem Titel »Vermisst« eine vierköpfige Berliner Spezialeinheit auf die Suche nach verschwundenen Personen macht. Trotz redaktioneller Begeisterung tut sich in der Sache nichts. So groß ein Sender ist, so vielfältig sind die Gründe, warum etwas nicht zustande kommt.

Das ändert sich erst, als ich 2008 von einem Projekt mit dem Titel »Spurlos« erfahre und dessen Autor Orkun Ertener kennenlerne. RTL hatte eine Pilotfolge produzieren lassen, wollte die Serie aber dann nicht in Auftrag geben, Ertener erwarb die Rechte zurück. Und war zu dem Zeitpunkt mit seinem »KDD« eine ganz heiße Nummer. Das Thema Vermisstenserie nimmt beim ZDF jetzt plötzlich Fahrt auf. Obwohl, das ist, wenn ich mir den damaligen Mailwechsel angucke, stark übertrieben – es kommt eher gemächlich in Gang. Jedenfalls beginnt ab Herbst 2008 die Arbeit an dem, was im Mai 2010 in der hier abgedruckten Form den Weg zum Sender findet (ergänzt durch das Drehbuch zur Auftaktfolge und sechs weitere Exposees).

Ein Serienkonzept ist immer Zweierlei: Als Absichtserklärung repräsentiert es das Selbstverständnis der Macher, in dem Falle Autor, Produzent und Redaktion. Als Verkaufspapier vermittelt es Sicherheit, signalisiert den diversen Entscheidungsträgern in einer Sendeanstalt »Diese Serie hat Erfolgspotenzial, diese Serie passt zu uns.« Deswegen die Ausführungen zu *Look & Feel*, die vielen hellen Bilder (die man leider hier im Text nicht mehr sieht), die Hervorhebung des Prinzips Hoffnung und die Betonung als klassischer Freitagabendkrimiserie (Letzteres vor dem Hintergrund, dass KDD in der Hinsicht den Bogen zwischenzeitlich etwas zu avanciert überspannt hatte).

»Das ist zu gut, um es abzusagen«, ist die einhellige Meinung auf dem Lerchenberg. Und doch dauert es gut ein Jahr, bis man Ende Juni 2011 endlich grünes Licht gibt. Gehört der lange Atem zur Grundtugend eines Produzenten (den er sich nur erlauben kann, wenn er in der Zwischenzeit mit anderen Projekten seine Firma am Leben erhalten kann), so ist das für einen freien Autor – und sei er noch so gefragt – kaum durchzuhalten. Kommt dann noch der Produktionsdruck hinzu (Drehbeginn in fünf Monaten, um den vorgesehenen Sendetermin im nächsten Frühjahr halten zu können – und das mit nichts als dem Pilotbuch und den Exposees), dann lassen andere zwischenzeitlich angenommene Aufträge und der Anspruch an die Qualität der eigenen Arbeit keine Wahl. Schweren Herzens steigt Orkun Ertener aus.

Die anderen legen sich ins Zeug, der Rest ist bekannt: Einer der erfolgreichsten Serienneustarts seit Langem und der Auftrag für eine Fortsetzung – mit der doppelten Folgenanzahl. Nur eins bleibt gleich: Zeitdruck und Geldmangel. Aber solch Klage gehört angeblich auch zur Grundausstattung eines jeden Produzenten ;-)

9. Fazit

Drehbuchschreiben ist Handwerk. Das Handwerkszeug sind zum einen die Regeln der Dramaturgie, zum anderen ganz konkret fassbar das Exposee oder Treatment, in denen Sie Ideen und Entwicklungen festhalten oder formulieren können. Diese Texte unterstützen den kreativen Prozess und bringen den wirtschaftlichen überhaupt erst in Gang. Dabei hat jeder Text seine eigenen besonderen Funktionen, jeder hat seine eigenen Anforderungen und damit auch potenzielle Schwierigkeiten. Auch wenn in der Praxis manchmal verschiedene Interpretationen von Exposee, Treatment und Konzept auftauchen – es sollte hier dennoch gelungen sein, die Essenz dieser Texte herauszuarbeiten. Aber vergessen Sie nicht: Diese Texte sind Mittel zum Zweck. Die Essenz Ihres Stoffangebots nämlich ist Ihr Stoff selbst. Und nur wenn dieser gut ist, werden Sie ihn auch verkaufen können.

Egal ob Sie nun ein Exposee, Treatment oder Serienkonzept geschrieben haben, machen Sie also einen letzten Test, bevor Sie es aus der Hand geben: Versetzen Sie sich in die Rolle des Lesers. Fragen Sie sich doch am besten selber, was Sie an Ihrer letzten Lektüre, egal was es gewesen ist (außer vielleicht Ihrem Einkaufszettel oder einem Arzneibeipackzettel) interessiert hat. Was hat Sie neugierig gemacht und Sie zum Kauf oder zum Lesen bewogen? Wie sind Sie in die Geschichte hineingezogen worden? Wie sind Sie durch die Geschichte geführt worden? Was hat Sie gefesselt? Warum haben Sie überhaupt weiter gelesen? Hat Sie die Lektüre befriedigt? Haben Sie Emotionen verspürt, haben Sie mitgelitten, haben Sie ein intellektuell befriedigendes Erlebnis gehabt?

Und nun lesen Sie Ihren Stoff. Und wenden Sie dieselben Fragen auf Ihren Stoff an. Und dann fragen Sie sich nochmals, und ganz ernsthaft: Wollen Sie das auf der Leinwand oder auf dem Bildschirm sehen? Und würden Sie diesem Stoff, diesem Autor einen Buchvertrag geben?

Wenn Sie dies mit einem kräftigen »Ja« beantworten können, sollten Sie Ihren Stoff endlich auf den Weg bringen.

Literaturverzeichnis

Blum, Richard A. (2001): Television and Screen Writing. From Concept to Contract. 4. Auflage. Focal Press. Boston.

Brenner, Alfred (1992): The TV Scriptwriter's Handbook. 2. Auflage. Silman James Press. Cincinnati.

Brunow, Jochen: Eine andere Art zu erzählen. Utopie vom Drehbuch als eigenständige Schreibweise. In: Brunow, Jochen (2000): Schreiben für den Film. Das Drehbuch als eine andere Art des Erzählens. 5. Auflage. Edition text + kritik. München.

Boyle, James F., in: Cole, Hillis R./Haag, Judith H. (1995): The Complete Guide to Standard Script Formats. Part 1 – Screenplays. 8. Auflage. CMC Publishing. North Hollywood.

Costello, John (2002): Writing a Screenplay. Pocket Essentials. Harpenden.

Halperin, Michael (2003): Writing the Killer Treatment. Michael Wiese. Studio City.

Hant, Claus Peter (2000): Das Drehbuch. Praktische Filmdramaturgie. 2. erw. Neuausgabe. Zweitausendeins. Frankfurt a. M.

Field, Syd (1993): Das Handbuch zum Drehbuch. 8. Auflage. Zweitausendeins. Frankfurt a. M.

Friedmann, Julian (1999): Unternehmen Drehbuch. 2. Auflage. Bastei Lübbe. Bergisch Gladbach.

Glavinic, Thomas (2004): Wie man leben soll. dtv. München.

Kafka, Franz (1926): Der Prozess. Suhrkamp. Frankfurt a.M.

Lane, Tamar (1936): The New Technique of Screen Writing. A practical Guide to the Writing and Marketing of Photoplays. Whittlesey House. New York.

Lent, Michael (2003): Executive Decision. In: Creative Screenwriting. September/October, S. 42.

Lodge, David (2007): Das Handwerk des Schreibens. Nikol Verlag. München.

McKee, Robert (2011): Story. Die Prinzipien des Drehbuchschreibens. 7. Auflage. Alexander. Berlin.

Prior, Alan (1996): Script to Screen. From Z Cars to The Charmer. The Hows, Whys and Wherefores of Writing for Television. Ver Books. St Albans.

Reiners, Ludwig (2007): Stilfibel. Der sichere Weg zum guten Deutsch. dtv. München.

Root, Wells (1987): Writing the Script. A Practical Guide for Films and Television. Neuauflage. Holt, Rinehart and Winston. New York.

Schütte, Oliver (2009): Die Kunst des Drehbuchlesens. 4. überarbeitete Auflage. UVK. Konstanz.

Sternberg, Claudia (1996): Written for the Screen. Das amerikanische Spielfilm-drehbuch als Text. Inaugural. Diss. Köln.

Suppa, Ron (2003): Why is Your Script Special? In: Creative Screenwriting. November/December, S. 34.

Teddern, Sue (1994): A Suitable Case for Treatment. In: Friedmann, Julian (Hrsg.): Writing Long Running Television Series. Lectures from the Second PILOTS Workshop. Sitges, Catalonia, Spain.

Wolff, Jürgen (1997): Sitcom. Ein Handbuch für Autoren. Tricks, Tips und Techniken. Emons. Köln.

Internetlinks

Das Standardlektorat des Medienboard Berlin-Brandenburg ist zu finden im Internet unter: www.medienboard.de/WebObjects/Medienboard.woa/wa/CMSshow/2647688

Auch interessant für die Titel: www.titelschutzanzeiger.de

Der Verband der deutschen Drehbuchautoren (VDD) hat seine Internetpräsenz unter www.drehbuchautoren.de

Englischsprachige Treatments zu u.a. Chinatown (Step sheet), Alien, My Own Private Idaho, Robocop 2 (Step outline) sind zu finden unter: www.screentalk.biz/treatments.htm

Drehbücher und diverse andere Texte gibt es auch unter: www.script-o-rama.com

Oder unter: www.simplyscripts.com/treatments.html

Register